BEYERLIN

REFLEXE DER AMOSVISIONEN IM JEREMIABUCH

RBIS BIBLICUS ET ORIENTALIS

Im Auftrag des Biblischen Instituts der Universität
Freiburg Schweiz
des Seminars für biblische Zeitgeschichte
der Universität Münster i. W.
und der Schweizerischen Gesellschaft
für orientalische Altertumswissenschaft
herausgegeben von
Othmar Keel
unter Mitarbeit von Erich Zenger und Albert de Pury

Zum Autor:

Jahrgang 1929, o. Professor für Altes Testament von 1963 bis 1973 in Kiel, seither
an der Universität zu Münster. Studierte in Tübingen, Göttingen, Basel und Edin-
burgh. War zunächst im kirchlichen Dienst. Wurde 1956 in Tübingen promoviert
auf Grund einer traditionsgeschichtlichen Untersuchung der Prophetie des Micha
(FRLANT 72, 1959). Habilitierte sich 1960, gleichfalls in Tübingen, mit der
Abhandlung «Herkunft und Geschichte der ältesten Sinaitraditionen» (1961).
Neben Arbeiten zu Geschichtserzählungen veröffentlichte er Psalmenstudien: zu
den Feindpsalmen (FRLANT 99, 1970), zum 126. Psalm (SBS 89, 1978), zum 107.
Psalm (BWANT 111, 1980), zum 131. Psalm (SBS 108, 1982), zum 15. Psalm
(BThSt 9, 1985) sowie zum 125. Psalm (OBO 68, 1985). Auch ist er Herausgeber
der «Grundrisse zum Alten Testament», im besonderen eines religionsgeschichtli-
chen Textbuchs (ATD. E 1, 1975, 2. A., 1985).

ORBIS BIBLICUS ET ORIENTALIS 93

WALTER BEYERLIN

REFLEXE
DER AMOSVISIONEN
IM JEREMIABUCH

UNIVERSITÄTSVERLAG FREIBURG SCHWEIZ
VANDENHOECK & RUPRECHT GÖTTINGEN
1989

CIP-Titelaufnahme der Deutschen Bibliothek

Beyerlin, Walter:
Reflexe der Amosvisionen im Jeremiabuch /
Walter Beyerlin. – Freiburg, Schweiz : Univ.-Verl. ;
Göttingen : Vandenhoeck u. Ruprecht, 1989
  (Orbis biblicus et orientalis ; 93)
  ISBN 3-525-53723-9
NE: GT

Die Druckvorlagen
wurden vom Verfasser als reprofertige
Dokumente zur Verfügung gestellt

© 1989 by Universitätsverlag Freiburg Schweiz
Vandenhoeck & Ruprecht Göttingen

ISBN 3-7278-0658-3 (Universitätsverlag)
ISBN 3-525-53723-9 (Vandenhoeck & Ruprecht)

Otto Kaiser

zum 65. Geburtstag

Vorwort

Eins kam aus dem andern: Als Vf. noch mitten drin war, sein Büchlein zum besseren Verständnis der Erzählung von der dritten Amosvision zu schreiben (veröffentlicht als OBO 81, 1988), da dämmerte ihm, die erarbeitete Sicht der Dinge würde auch einiges im Buch Jeremia anders als bisher aussehen lassen und - es könnte die Frage eines Zusammenhangs zwischen Amosvisionserzählungen und Jeremiabuchtexten neu zu erörtern sein.

Es war auf der Stelle auch klar: Die Aufgaben, die da erwuchsen, waren nicht von der Art, daß sie sich en passant, etwa anmerkungsweise, erledigen ließen. Sie waren separat zu traktieren. Um so mehr, als sich jeder Schritt auf dem schwierigen Terrain der Jeremiaforschung alsbald im Gestrüpp verfangen mußte, in dem dornenvoller, oft offener Fragen, auch in dem des Drahtverhaus verfestigter Fronten.

Es kam, wie es kommen mußte: Vf. hat sich, in Verfolg seiner Perspektiven, auf mehr, als ihm lieb sein konnte, einlassen müssen. Denn es waren begründete Schritte zu tun, nicht ohne Begründung Positionen zu übernehmen. Die Sorge ward drückend, Proportionen könnten verlorengehen, die zwischen dem begrenzten Vorhaben und dem so schwer zu begrenzenden Aufwand, exegetisch fundieren zu müssen. Der Vf. bittet den Leser, er möchte Verständnis haben, wenn nicht alle Probleme - nicht die, die am Rande bleiben können - angesprochen worden sind, wenn nicht alles, was zu bedenken war, explizit gemacht worden ist. Auch möchte er es genug sein lassen, wenn bibliographisch, von Fall zu Fall, nur das Wichtigste zitiert worden ist. Es liegt nicht im Duktus der vorliegenden Studie, vollständig sein zu müssen.

An einem war freilich über das Ziel des Forschungsvorhabens hinaus gelegen: daran, zu erproben, ob die in OBO 81 entwickelte Sicht der Dinge sich auch im weiteren bewähren würde.

8

Der Vf. dankt seiner Frau für die Textverarbeitung in allen Stadien der Entstehung der Studie bis hin zu der vorliegenden Endgestaltung. Er dankt ihr zudem für die Erarbeitung der abschließenden Verzeichnisse, bleibt aber für diese verantwortlich.

Der Vf. dankt schließlich den Herren Herausgebern und Verlegern. Er ist sich des Entgegenkommens und der Hilfsbereitschaft bewußt, die diese Veröffentlichung in der Reihe Orbis biblicus et orientalis ermöglicht haben. Er bleibt allen sehr verbunden.

Münster, im Frühsommer 1989   Walter Beyerlin

Inhalt

EINFÜHRUNG

I

Aufgabenstellung und Ausgangslage

Die Vorsicht gebietet, nicht schon zu Beginn von Reflexen zu sprechen. Solche Wortwahl setzte, was erst aufzuweisen, voraus: daß, was von Visionserzählungen des Amos aus wirkt - oder, um im Bilde zu bleiben, ausstrahlt -, sich in Texten des Jeremiabuchs widerspiegelt. Die Wortwahl erkennte auf Abhängigkeit, wo doch zunächst nicht mehr feststeht, als daß sich da manches b e r ü h r t . Die Vorsicht verlangt, mit Sicherem einzusetzen: mit der Feststellung der Tatsache also, daß es da Berührungspunkte gibt, Berührungspunkte zwischen Amosvisionserzählungen und Texten im Jeremiabuch.

Was an Erklärungen zu ihnen publiziert worden ist - an Deutungen, Wertungen, Auswertungen -, ist distanziert aufzunehmen. Um so mehr als die gelehrten Einschätzungen weit auseinandergehen. Da ist einerseits tatsächlich auf Abhängigkeit erkannt worden. Sei es in dem Sinn, daß sich einer sehr lange nach Amos, lange nach Jeremia, in nachexilischer Zeit, den Erstgenannten "zum Muster genommen" hat[1]. Sei es mehr im Sinn "of an inner prophetic tradition link", wo Raum für die Überzeugung bleibt, der spätere Prophet sei, wenigstens z. T., höchstselbst in die Spuren seines prophetischen Vorgängers getreten[2]. Da ist andererseits, in gewisser Weise

---

1   B. DUHM, Das Buch Jeremia, KHC XI, 1901, 4. Vergleichenswert etwa auch a. a. O. 4-11 oder 196f.

2   W.ZIMMERLI, Visionary experience in Jeremiah, in: R. Coggins u. a. (Hg.), Israel's Prophetic Tradition, FS. f. P.R. Ackroyd, 1982, (95-118)104ff. ZIMMERLI thematisierte mehrfach den "innerprophetischen Überlieferungsprozeß". Im Sinn eines solchen (mit der Näherbestimmung "Aktualisierung der Verkündigung des Amos") konstatierte überdies J.M. BERRIDGE (nicht bloß, aber auch und ge-

kontrār, jedwede Erwägung, ob ein Zusammenhang im Spiele sein könnte, unterblieben; worüber so vage Floskeln wie "ähnlich" oder "vgl." nicht hinwegtäuschen dürfen[3]. Und abermals andererseits ist eine Art Wurzelverwandtschaft angenommen worden: Berührungen rühren daher, daß hier und dort, bei Amos und im Jeremiabuchtext, dieselben Stilformen zur Verwendung gelangt sind, dasselbe Schema, pattern oder Genre[4]. - Der Dissens irritiert. Er tut es zumal, wird bewußter, daß hierbei auch konträre Tendenzen, in Grundfragen der Jeremiaforschung[5] Stellung zu nehmen, zum Tragen gekommen sind: einerseits - etwa - die Bereitschaft, das, was sich mit Amosvisionserzählungen berührt, vom historischen Jeremia sein zu lassen, andererseits die Neigung, spätere Hände am Werk zu sehen, solche von Ergänzern, Redaktoren, Editoren[6]. Entsprechend ist etwa auch kontrovers, welches Maß an vi-

wiß nicht zuletzt mit Bezug auf die Visionserzählungen) Abhängigkeit: Jeremia und die Prophetie des Amos, in: ThZ 35, 1979, (321-341)325ff. Ergänzende Angaben a. a. O. 321, Anm. 2.

3 Beispielhaft etwa F. NÖTSCHER, Das Buch Jeremias, HSAT VII/2, 1934, 32.184ff, aber auch W. RUDOLPH, Jeremia, HAT I 12, 3. A. 1968, 11.157ff.

4 Vgl. einerseits etwa W. ERBT, Jeremia und seine Zeit, 1902, 118ff; P. VOLZ, Der Prophet Jeremia, KAT X, 1922, 8, andererseits H. Graf REVENTLOW, Liturgie und prophetisches Ich bei Jeremia, 1963, 79ff; J. BRIGHT, Jeremiah, AncB 21, 1965, 7 und last but not least S. HERRMANN, Jeremia, BK XII/1, 1986, 50f.74 sowie R.P. CARROLL, The Book of Jeremiah, OTL, 1986, 106.

5 G. FOHRER, Neue Literatur zur alttestamentlichen Prophetie (1961-1970). VII. Jeremia, in: ThR 45, 1980, 109-121; S. HERRMANN, Forschung am Jeremiabuch. Probleme und Tendenzen ihrer neueren Entwicklung, in: ThLZ 102, 1977, 481-490; L.G. PERDUE, Jeremiah in Modern Research: Approaches and Issues, in: L.G. Perdue / B.W. Kovacs (Hg.), A Prophet to the Nations, 1984, 1-32.

6 Diese Neigung ist beim "Gesicht" von den Feigenkörben, Jer 24, öfter zu verzeichnen als bei den Visionen Jer 1,11ff, wo das Zutun Späterer, wenn überhaupt, dann mehr im Kompositorischen angenommen wird, weniger, selbst bei kritischer Einschätzung, bei der Kernsubstanz. Bezeichnend, wie S. HERRMANN votiert, Jeremia, BK XII/1, 74: "Daß wir es bei beiden Visionen ... mit ältesten Erinnerungen Jeremias zu tun haben ..., kann von vornherein nicht ausgeschlossen werden ..." Ähnlich auch W. McKANE, Jeremiah, ICC I, 1986, 15. Bemerkenswert anders indessen B. DUHM, a. a. O. 10ff, der die Visionselemente in

sionärer Erfahrung beim historischen Jeremia zu veranschlagen ist: Auf der einen Seite ist es ein erhebliches Maß[7]. Auf der anderen ein lediglich marginales[8]. Oder auch eins, das im Fortgang der jeremianischen Prophetie, vielleicht im Verlauf der Auseinandersetzung mit jenen, die "selbstersonnene Visionen" kündeten[9], reduziert worden ist[10]. - Andeutungen müssen genügen, um spürbar werden zu lassen, wie sehr hier auch Antworten in Grundfragen auseinandertendieren, wie machtvoll der Strudel divergierender Auffassungen ist, in den auch, unausbleiblich, hineingezogen ist, was an Deutungen und Ausdeutungen besagter Berührungspunkte zwischen Amos-visionserzählungen und Jeremiabuchtexten veröffentlicht worden ist.

Die Frage stellt sich, ob es Sinn, ob es Chancen hat, in diesen Strudel hineinzugehen, in der Absicht gar, korrigierend einzuwirken. Die Frage wäre vielleicht zu verneinen, böte sich nicht, überraschenderweise, die Möglichkeit dar, die Basis für die Untersuchung jener Berührungspunkte zu v e r b r e i t e r n . Es scheint Sinn und Chancen zu haben, nachzusehen, ob wirklich schon alles, was an Berührungspunkten besteht, wahrgenommen und für die Beurteilung der Sachlage im ganzen ausgenutzt ist. - Ein, wie der hier Schreibende meint, verbessertes Verständnis der dritten Visionserzählung des Amos läßt einige zusätzliche Berührungspunkte mit Jeremiabuchtexten ins Licht treten. Berührungspunkte, die es insoweit immerhin in sich haben, daß sie bei dieser und jener Abwägung einen gewissen Ausschlag zu geben vermögen. Sollte sich's so herausstellen, könnte es sein, daß bei neuem Hinsehen und genauerer Betrachtung auch ansonsten sich klarere Tendenzen abzeichnen. Was, wie sich von selber versteht, nicht gleich zu der Erwartung berechtigt, jener Strudel vehementen Meinungsstreits lasse sich so zum Stillstand bringen.

1,11ff in toto "für eine jüngere Arbeit" hält und hier wie in 24 Ergänzer am Werke gewesen sein läßt, vgl. a. a. O. 196ff.

7   Exemplarisch A. WEISER, Das Buch Jeremia, ATD 20/21, 5. A. 1966, etwa XXVIII, insbesondere Anm. 4.

8   R.P. CARROLL, a. a. O. 102.

9   Jer 23,16!

10 W. ZIMMERLI, a. a. O. 115.

DURCHSICHT

II

Jer 21,4

A

Aufweis des Berührungspunkts

Was wunder, daß bis dato noch niemand einen Berührungspunkt zwischen der d r i t t e n Amosvision, genauer, dem hier Geschauten, und Jeremiatextgut verzeichnet hat! Denn bisher ist sie, im Banne der opinio plurium, m i ß v e r - s t a n d e n gewesen: als Schau einer Prüfungsaktion, bezogen (im Bild) auf Gemäuer und durchgeführt mit dem Bleilot. Nichts davon kehrt - unverändert oder verändert - in Jeremiabuchtexten wieder. Wie gesagt: was wunder! Denn von solchem spricht auch die Visionserzählung Am 7,7f nicht! Legt man unter den Schichten verfehlter Rezeption und Exegese frei, was Amos einstmals in Vision und Audition erfuhr und im Ich-Stil zu erzählen versuchte, so kommt ganz anderes zum Vorschein[11]:

Jahwe auf einer Mauer aus Zinn! Dort sozusagen auf Wache. Erschienen zunächst einmal im Zeichen schutzbietender Umfassungsmauer. Um so mehr bietet diese Schutz, als sie, die Möglichkeiten des normal Empirischen transzendierend, massiv aus Zinn besteht, dem Stoff, der der Verbindung Bronze Kraft und Stärke verleiht und die Mauer, selbst für metallverstärkte Rammböcke, undurchbrechbar macht. In der Anfangsimpression der Vision stellt sich der alttestamentliche Gott noch ein letztes Mal als verläßlicher Schutzgott der Seinen dar, gerade noch prädizierbar in

---

11   Der, der hier schreibt, hat das eigentlich Intendierte unlängst eruiert - in: Bleilot, Brecheisen oder was sonst? Revision einer Amos-Vision, OBO 81, 1988. Zu allem, was an Auseinandersetzung und Begründung nennenswert ist, bezieht er sich, der Kürze halber, auf das in jenem Büchlein Ausgeführte.

traditioneller, geprägter Wendung als "Mauer aus Bronze" respektive als "Mauer aus Zinn". - Was als nächstes auffällt, ist Zinn auch in seiner Hand. Es birgt hier in sich ein übermächtiges Potential von Waffen, Rüstung, Truppen. Es ist am Ausgangspunkt der Vision zunächst nach außen gekehrt, gerade noch und ein letztes Mal. Dann aber kündigt sich, bezeichnenderweise im auditionär vernommenen Worte Gottes, an, daß dieser drauf und dran ist, besagtes Zinn, also Waffen und Wehr, in dramatisch plötzlicher Drehbewegung in die Gegenrichtung zu bringen, hinter die Mauer, mitten hinein in sein Volk. Aus dem Schutzgott traditioneller Art, der das Kriegsgerät nach draußen kehrt, wird jählings der Gott, der die Attacke wider sein eigenes Volk und dieses Gerät in seine Mitte, hinter die Mauer bewegt.

Ist es d i e s , was die dritte Visionserzählung des Amos vermittelt, so taucht unversehens im Text des Jeremiabuches ein weiterer, bis dato verkannter Berührungspunkt auf: im in sich einigermaßen kohärenten Stück Jer 21,4-6[12], innerhalb desselben, genauer gesagt, in 21,4. - Von den beiden Versionen des Texts, die als Verzweigungen aus e i n e r Wurzel überkommen sind, verdient (jedenfalls an dieser Stelle), wie man anzunehmen Gründe hat, die kürzere Fassung der LXX-Vorlage, die gut zu erschließen ist, den Vorzug gegenüber dem Masoretischen Text. Ebendieser repräsentiert eine durch Einschübe erweiterte, "expansionistische" Textgestalt aus relativ jüngerer Zeit. Ein Teil des Eingefügten ist interpretatorischer Art und Anzeichen dafür, daß früh schon Erklärungsbedarf empfunden worden ist. Die hebräische Vorlage der alten griechischen Version stellt demgegenüber den noch nicht oder weniger ausgeweiteten, verhältnismäßig früheren Text dar. Nicht ohne weiteres den "Urtext" selbst, wohl aber eine Fassung, die dem Ursprünglichen vergleichsweise näher ist[13]. - Nach dieser Fassung hob 21,4 mit der Botenformel in

---

12   Die Analyse von W. McKANE, a. a. O. LXXVII. 491-500 scheint am meisten zu überzeugen. Wohl zu Recht schließt sich ihr auch R.P. CARROLL an, a. a. O. 408. Ein geringfügiger Abstrich, den letzterer macht, kann hier dahingestellt bleiben.

13   In dieser Einschätzung stützt sich, der hier recherchiert, nicht nur, aber vornehmlich auf J.G. JANZEN, Studies in the Text of Jeremiah, HSM 6, 1973, besonders 43; L. STULMAN, The Other Text of Jeremiah. A Reconstruction of the Hebrew Text Underlying the Greek Version of the Prose Sections of Jeremiah ..., 1985, 1-14 und spezieller 43.45 sowie last but not least auf J. ZIEGLER, Ieremias. Baruch. Threni. Epistula Ieremiae, Septuaginta. Vetus Testa-

Kurzform an und ließ Jahwe im Botenspruch selbst, im Ich-Stil, drohen: "Sieh! ich bin dabei, (die Waffen - oder:) das Kriegsgerät, mit welchem ihr die euch[14] belagernden[15] Chaldäer bekämpft, umzudrehen[16] aus (der Richtung nach) draußen vor der Mauer mitten in diese Stadt hinein"[17].

Das Drohwort ist - soweit ihm überhaupt detailliertere Kommentierung beschieden ist - zunächst einmal so verstanden worden, als habe es die Zurücknahme der Verteidigungslinie hinter die Umfassungsmauer, hinein also in die ummauerte Stadt gemeint; sei es so, daß sich die Verteidiger selbst aus dem Vorfeld der Stadt hinter deren Mauern zurückzogen; sei es so, daß zugleich die chaldäischen, neubabylonischen Angreifer einzudringen vermochten[18]. Wie immer - zu bemängeln ist, daß hier mehr erwogen wird, wie sich, was der Text ausdrückt, in praxi realisiert haben könnte, als daß die Eigenart seiner Aussage wirklich begriffen sein würde.

---

mentum Graecum. Auctoritate Societatis Litterarum Gottingensis editum, XV, 1957, 253.

14 Nicht etwa: "draußen vor der Mauer", wie viele (zuletzt auch noch einmal die Lutherbibel in der revidierten Fassung von 1984) לחומה מחוץ übersetzen. Diese Wendung gehört nicht - auch entgegen der Interpunktion in der Septuaginta-Ausgabe J. ZIEGLERs - ans Ende des (zweiten) Relativsatzes, sondern bringt, mit dem pt. hif. von סבב zusammenhängend, durch die beteiligte Partikel מן den Ausgangspunkt der Drehbewegung zum Ausdruck. Die Wendung korrespondiert derart dem mit אל anhebenden Schluß des Satzes, der den Zielpunkt der Bewegung angibt. Mit W. RUDOLPH, a. a. O. 134, der die sprachliche Möglichkeit bestätigt; nicht zuletzt auch mit W. L. HOLLADAY, Jeremiah 1, Hermeneia, 1986, 571, der zu Recht auf den tautologischen Effekt verweist, der bei anderer Verknüpfung der Wendung sich ergeben würde.

15 Oder "einschließenden", W. BAUMGARTNER / J.J. STAMM, Hebräisches und aramäisches Lexikon zum Alten Testament, 3. A., III, 1983, 952.

16 W. BAUMGARTNER / J.J. STAMM, a. a. O. 698.

17 Im Einklang mit der Sinnumschreibung bei W.L. HOLLADAY, ebd.

18 Literaturhinweise bei H. WEIPPERT, Jahwekrieg und Bundesfluch in Jer 21,1-7, in: ZAW 82, 1970, (396-409)401, Anm. 23.

Sie, die Eigenart der Textaussage, ist angemessener erst unter dem Gesichtspunkt des Heiligen Kriegs erfaßt. Besser gesagt: unter dem des Jahwekriegs[19]. Der zugehörige Vers 21,5 spricht ja auch deutlich genug von Jahwe als dem, der selber kämpft "mit ausgereckter Hand und starkem Arm, mit Grimm und großem Groll[20]." Jahwe lenkt entsprechend höchstselbst auch nach 21,4 das Kriegsgerät. Er ist's, der die Drehbewegung bei diesem zu veranlassen im Begriffe ist. Allerdings, es geht - in Umkehrung der Stoßrichtung herkömmlicher Jahwekriege - nicht gegen die Feinde des Jahwevolks, oder hier: der Jahwestadt, sondern, grausig verkehrt, gegen letztere. Zu Recht ist hier[21] auf die prophetische Neuverwendung des "Motivs" des Jahwekrieges hingewiesen worden: Dieser wird "nicht einseitig als Handeln Gottes an den Völkern durch Israel angesehen ..., sondern als ein 'dialektisches' Verhältnis, in dem das Schwert genau so gut umgedreht werden kann"[22].

Das erklärt 21,4 im wesentlichen, läßt freilich - was nicht tadelnd gesagt wird - offen, wie das umgedrehte Schwert funktional und im einzelnen aufgefaßt ist. Was in der Folge hierzu bemerkt worden ist[23], wirft mehr Fragen auf, als es zu beantworten imstande ist. Vor allem ist die - z. T. weit hergeholte - Idee, es sei hier an מהומה gedacht, jene panikartige Verwirrung, bei der die Kämpfer   e i n e r Kriegspartei ihre Waffen widereinander richten und sich selbst vernichten, wie gelegentlich im Alten Testament erzählt[24], dem Jeremiabuchtext nicht adäquat. Denn nichts in ihm - auch nichts im Ablauf der Dinge, auf den da wohl abgehoben wird - läßt an Selbstvernichtung denken, an מהומה-Suizid der Verteidiger jener Stadt. Was der Text tatsächlich sagt, vollends der der LXX-V, beschränkt sich, bezeichnenderweise, auf die Drohung, Jahwe drehe das Kriegsgerät in der Stoßrichtung um; weg vom Bereich vor der Mauer, in die Zielrichtung "ins Zentrum (אל תוך) dieser Stadt". Das meint in der Tat - ohne Aufschluß, wie sich solches praktisch

---

19   Verdienstvoll ohne Zweifel H. WEIPPERT, a. a. O. 396ff.

20   Nicht zu vergessen: nach LXX-V; siehe L. STULMAN, a. a. O. 43!

21   Unter Rückgriff auf J.A. SOGGIN, Der prophetische Gedanke über den Heiligen Krieg, als Gericht gegen Israel, in: VT 10, 1960, 79-83.

22   SOGGIN, a. a. O. 83.

23   Von H. WEIPPERT, a. a. O.

24   Ri 7,21; 1 Sam 14,20; Sach 14,13; auch 2 Chr 20,23. Vergleichenswert G. von RAD, Der Heilige Krieg im alten Israel, 2. A. 1952, 12.

verwirklicht - nur den von Jahwe gewollten militärischen Stoß, hineingeführt in die Mitte der Stadt. Was schockierend-konsternierend dazugesagt wird, ist lediglich, daß der Stoß im überraschend jähen Umschwung aus der Gegenrichtung geführt wird. Das Interesse des Drohworts konzentriert sich - theozentrisch - auf das, was Jahwe als sein eigenes Tun ankündigt.

Ist die Erzählung von der dritten Amosvision erst einmal richtig verstanden, so ist schlechterdings unverkennbar, daß Jer 21,4-6 im Alten Testament mit nichts sonst als mit i h r sich berührt; mit ihr ganz echt und intensiv: Hier und dort - im Duktus prophetischen Denkens und Redens - Jahwewort im Ich-Stil; Ankündigung von futurum instans, von bevorstehendem Gotteshandeln, ausgedrückt durch הנני + Partizip. Hier und dort die Androhung, er, Jahwe, sei drauf und dran, Potential von Waffen und anderem Kriegsgerät aus der Normalstoßrichtung nach draußen, wider fremde Völker, nach drinnen umzudrehen, wider die Seinen, pointiert gar "in ihre Mitte", ihr Zentrum, mit dem Ziel zentraler Verheerung. Hier und dort dieselbe Verkehrung traditioneller Heilserwartung, dieselbe blitzschnelle Enthüllung gegenläufigen Unheils. - Wer wollte nachgerade bestreiten, daß hier ein Berührungspunkt, ein deutlicher im Sinn dieser Studie, zutage gekommen ist?

III

Jer 21,4

B

Beurteilung des Berührungspunkts

Was verglichen mit der Amoserzählung im Text des Jeremiabuches d i f f e -
r i e r t , ist nicht dazu angetan, die Berührung in Zweifel zu ziehen, eher schon
dazu, die A r t der Beziehung zu erkunden.

Unübersehbar ist, daß Amos als Zielpunkt der Drehbewegung die Mitte des Jahwevolks im Nordreich angibt, בקרב עמי ישראל, der Jeremiabuchtext demgegenüber
die "Mitte dieser Stadt". Die Differenz ist leicht verständlich: Als Jer 21,4 verfaßt
worden ist, hat sich's nicht mehr ums Nordreich gedreht, auch nicht mehr ums Südreich in Gänze, sondern bloß noch um dessen Kernbestand, die Stadt Jerusalem.

Als Differenz fällt weiterhin auf, daß Jer 21,4 nicht mehr auf Zinn abhebt, nicht
mehr in dessen Erscheinung zentriert ist, sich überhaupt nicht mehr aufs Bild beschränkt, in dem, was im einzelnen droht, mehr verhüllt angedeutet als ausgeführt
ist[25]. Different ist, kurz gesagt, daß nicht mehr visionär wahrgenommen, sondern
prosaisch entschlüsselt ist. Was Jahwe umdreht, ist, fernab vom faszinierend
andeutenden Bild, einfach - "Kriegsgerät". Ja, es kommt noch deutlicher, überdeut-
lich; so, daß auch die letzte Spur geheimniswahrender Verhaltenheit prophetischer
Rede dahin ist: "... ich bin dabei, das Kriegsgerät, mit dem ihr die Neubabylonier,
welche euch belagern, bekämpft, umzudrehen ..." War es dermaleinst Amos, selbst
als er seine Vision verschriftete, nicht in den Sinn gekommen, über das hinaus-
gehend, was das Geschaute erahnen ließ, Feinde und Umstände deutlicher anzuspre-

---

25 Zur Erläuterung des Vf.s Ausführungen in OBO 81, 1988, 31-35.

chen, so scheut die Jeremiabuchstelle weder Worte noch Mühe, die Identität der feindlichen Truppen und die geschichtliche Lage zu bezeichnen. Ist es übertrieben zu sagen, hier dränge, bis zu einem gewissen Grad, das Genre der Geschichtserzählung die Eigenart prophetischer Rede zurück? Einmal abgesehen davon, wie die stilistische Seite des Textes eingeschätzt zu werden verdient[26], erscheint es wenig wahrscheinlich, daß ein unprophetisch detaillierendes Wort von einem Propheten, gar einem großen, verkündigt worden sein sollte. Schon eher erweckt es den Eindruck, als habe da einer, historische Konturen verstärkend, a posteriori literarisch gestaltet.

Eins kommt hinzu, - zumindest wenn man die Meinung teilt[27], 21,5f gehöre dazu: Der, der hier gestaltet, hat bei der Formulierung des Jahwewortes v.5 ("... höchstselbst kämpf' ich mit euch mit ausgereckter Hand und starkem Arm, mit Grimm und großem Groll") sich gängiger Stereotypen bedient. Denn: formelhaft ist "mit starker Hand und ausgerecktem Arm" allemal[28]. Der hier formuliert, lehnt sich, die Attribute Sinn-neutral tauschend, ungeniert an. Ja, er tut dies am Ende desselben

---

26 V.4 ist selbst in der Fassung der LXX-V eher weitläufig und zerdehnt zu nennen als kunstvoll rhetorisch und wohlgefügt. Wer hinter den noch ausgedehnteren MT zurückzugehen für richtig hält, kann zudem nicht mehr Parallelismus membrorum und Zweiergruppen feststellen, die einst H. WEIPPERT zu der Einschätzung brachten, hier werde zwar eine entmetrisierte, gleichwohl aber noch poetische Verkündigungssprache gesprochen: Die Prosareden des Jeremiabuches, BZAW 132, 1973, 74ff. Ebensowenig läßt LXX-V zu, ein durch Par. membr. ausgezeichnetes ursprüngliches "Gerichtswort" herauszuschälen, was W. THIEL meinte tun zu können: Die deuteronomistische Redaktion von Jeremia 1-25, WMANT 41, 1973, 233. Auch im Licht des Berührungspunktes, der in dieser Studie aufgewiesen worden ist, erscheint ein Par. membr. unwahrscheinlich, führt doch die Wendung des MT אותם ואספתי vom eigentlich Gemeinten weg. Gewiß, der Wortlaut der LXX-V ist nicht s o weitschweifig, ungefüg, "clumsy"; W. RUDOLPH, a. a. O. 134 bzw. J. BRIGHT, a. a. O. 215. Er ist aber auch nicht so flüssig, daß er als mündlich verkündigt leichthin vorstellbar sein würde.

27 Siehe Anm. 12!

28 Dtn 4,34; 5,15; 7,19; 11,2; 26,8; 1 Kön 8,42 / 2 Chr 6,32; Ez 20,33f; Ps 136,12; innerhalb des Jeremiabuches 32,21.

Satzes ("mit Grimm und großem Groll") möglicherweise gleich noch einmal[29]. Sollte das der Art eines in Vollmacht verkündenden Propheten entsprechen? - Man mag ja vielleicht ins Feld führen, immerhin sei jene Stereotype - die erstere der beiden genannten, die unanfechtbar ist - in ihrer Bedeutung umgewertet, aus ihrer Heilsausrichtung, welche ihr in Verbindung mit dem Thema der Herausführung aus Ägypten eigen ist[30], in die Unheilsausrichtung umgedreht, jener Umkehrbewegung von v.4 gemäß. Dies einzuwenden ist nicht verkehrt. Bloß - hätte nicht ein Prophet souveräner umgepolt[31], weniger stereotypenverhaftet?

Kurzum (um die Betrachtung hier abzubrechen): die Gestaltung in 21,4-6 ist zum einen zu angelehnt und stereotypengestützt, zum anderen allzu deutlich ins einzelne gehend, als daß sie der große Wurf eines großen Propheten zu sein vermöchte. Mehr hat die Annahme für sich, daß hier einer, der selbst nicht Prophet, geschweige denn Visionär gewesen ist, eine Verkündigungseinheit frei nach Jeremia gestaltet und diesem zugeschrieben hat.

Nachdem dieses Fazit gezogen ist (der Vorsicht halber erst jetzt!), ist noch in die Waagschale zu werfen (als gewichtig wenigstens für die, die v.4-6 kohärent finden[32]), daß besagte Stereotype ("mit starker Hand und ausgerecktem Arm"), wo immer sie außerhalb des Deuteronomiums und des deuteronomistischen Schrifttums zur Verwendung gekommen ist[33], s p ä t e n   - exilischen oder nachexilischen - Texten angehört[34]. Der Sachverhalt untermauert die Annahme, 21,4-6 sei nachjeremianische Gestaltung.

---

29   Vgl. Dtn 29,27!

30   Dtn 4,34; 5,15; 7,19; 11,2; 26,8; Ps 136,12.

31   Vergleichenswert Am 9,7.

32   Siehe oben Anm. 12!

33   Siehe Anm. 28!

34   Vgl. zu Jer 32,21 etwa W. RUDOLPH, a. a. O. 207.211.213 oder R. P. CARROLL, a. a. O. 625, zu Ez 20,33f W. ZIMMERLI, Ezechiel, BK XIII/1, 1969, 452f, zu Ps 136,12 etwa H.-J. KRAUS, Psalmen, BK XV/2, 5. A. 1978, 1079; J.P.M. van der PLOEG, Psalmen, II, 1974, 418 oder G. RAVASI, Il libro dei Salmi, III, 1984, 731.

N a c h   Jeremia, nicht visionär, nicht eigentlich prophetisch inspiriert - sind das nicht Determinanten, die es nahelegen, sich geeigneter   V o r g a b e n   zu bedienen, solcher, die auf ihre Weise "inspirieren"? Taugt dazu nicht jene Stereotype, die Jahwe in ausholender Kampfesgeste vor Augen führt und, gegensinnig gewendet, den niederstreckenden Schlag illustriert, den Jerusalem, Jahwes eigene Stadt, erhielt? Ist's nicht nachzuvollziehen, wie leicht sich mit diesem Bild die Impression jener Amosvision verbindet, die den mächtigen, halbkreisförmigen Schwung in den Blick rückt, mit welchem Jahwes Hand das Potential von Waffen und Wehr in die entgegengesetzte Stoßrichtung bringt? Hatte sich, was Amos, der Seher, im 8. Jhdt. vorhersah, nicht nachgerade wiederholt zugetragen, im Süden Palästinas nicht anders als im Norden? - Es ist ja am Tag und nicht zu bestreiten, daß, was Amos, Nordreich-orientiert, prophetisch verkündigt hat, auch sonst, auf den Süden bezogen, aktiviert worden ist. Hinlänglicher Beleg für diesen Aktivierungsvorgang vermag allein schon der Zusatz im Amosbuch 2,4-5 zu sein. Warum sollte, was hier mit Händen zu greifen ist, nicht genauso außerhalb des Amoskomplexes, im Gefüge des Jeremiabuches Platz gegriffen haben? Auch so gesehen hat die Annahme nichts Befremdliches an sich, die Impression jener Amosvision habe später, mit Bezug auf "Jahwes Stadt", eine Aktualisierung erfahren, welche sich, nicht ohne Logik, im Komplex um Jeremia niederschlug.

IV

Jer 15,20

A

Aufweis des Berührungspunkts

Es wäre verkehrt, nicht einzurechnen, daß die Sonderausprägung "Mauer aus Zinn", Am 7,7, eine Variation der "Mauer aus B r o n z e " darstellt, die im alten Vorderen Orient und im antiken Ägypten gebräuchliches Bild und geprägte Wendung für die unüberwindliche, nicht zu brechende göttliche Schutzmacht ist. Da Zinn als die entscheidende Komponente der Legierung Bronze galt, durch die dieser Macht und Härte teilhaftig sind, kann, wer pointiert, auch "Mauer aus Zinn" statt "Mauer aus Bronze" sagen. Beides meint im Kerne dasselbe[35]. - Wird dies in Rechnung gestellt, so hat auch die metallene Mauer der Amosvision Entsprechungen, solche, die ernsthaft sind. Sie hat sie, bezeichnenderweise, nicht irgendwo, sondern just und ausschließlich - in J e r e m i a buchtexten[36]!

Eine dieser Entsprechungen, eine von zweien[37] tut sich in 15,20 auf. - Dieser Vers, der als Teil der Erwiderung Jahwes, 15,19-21, auf die Klage, 15,15-18, überkommen ist, kann problemlos herausgegriffen werden. Denn einerseits ist er von anderer

---

35 Auch dazu des Vf.s Ausführungen in OBO 81, 1988, im besonderen 24-31.

36 Vergleichenswert A. ALT, Hic murus aheneus esto, in: ZDMG 86, 1933, (33-48) 46f. Am Rande beachtlich Ez 4,3, wo - nahekommend - von ברזל קיר die Rede ist.

37 Von 15,12 einmal abgesehen, wo allenfalls partielle Entsprechung in Betracht zu ziehen sein würde.

Struktur als der voraufgehende Vers[38], andererseits gegenüber dem Folgenden abge-
rundet, was nicht zuletzt an der Schlußformel, welche der Masoretische Text verwendet, abzulesen ist. Zudem ist der Passus in 15,20, der hier von Belang ist, textlich ganz gut bezeugt[39]. - Jedenfalls, er kommt in affiner Weise auf die seltsam
metallene Mauer zu sprechen, auf חומת נחשת, Umfassungsmauer aus Bronze, die,
wie gesagt, auf der Zutat Zinn beruht. Er nennt sie - attributiv - בצורה und bringt
so präzis auf den Punkt, worauf es bei der Mauer ankommt: daß sie nicht zu erstei-
gen und unüberwindlich ist, sicherer Schutz vor anstürmenden Feinden. Die Gattung
des Heilsorakels, die angewandt ist[40], läßt keinen Zweifel daran, wessen Sache und
Gabe jene schützende Mauer ist. Jahwe ist's, der sie zuteil werden läßt, der insofern (wieder oder noch immer) als Schutzgott auftritt, jener Anfangsimpression in
der dritten Vision des Amos entsprechend: "Ich mache dich für dieses Volk zur uneinnehmbaren Mauer aus Bronze. Bekämpfen sie dich, so bezwingen sie dich doch
nicht. Denn ich bin mit dir, dir zu helfen und dich zu retten - Ausspruch Jahwes[41]."
Es ist klar, daß der Zuspruch Jahwekrieg impliziert[42]. Jahwe setzt in ihm den Propheten Jeremia ein. Widerpart ist irgendwie sein Volk. Stürmt es an, so ist Jeremia,

---

38   Genaueres bei F.D. HUBMANN, Untersuchungen zu den Konfessionen. Jer
     11,18-12,6 und Jer 15,10-21, FzB 30, 1978, 249-251.284-293; R.P. CARROLL,
     a. a. O. 334f; W.L. HOLLADAY, a. a. O. 447.449.451.464f.

39   Es ist mehr eine Randfrage, wie das, was die LXX (eventuell auch schon ihre
     Vorlage) im Übergangsbereich der Verse 20/21   w e n i g e r   haben, beur-
     teilt werden muß. Es sieht so aus, als verdiene in diesem Falle der kürzere
     Text (anders als bei 21,4; siehe Anm. 13!)   n i c h t   als ursprünglicher
     vorgezogen zu werden, sondern sei entweder durch Haplographie oder, eher
     noch, durch die Tendenz bedingt, "überflüssig Erscheinendes auszulassen".
     H.-W. JÜNGLING, Ich mache dich zu einer ehernen Mauer. Literarkritische
     Überlegungen zum Verhältnis von Jer 1,18-19 zu Jer 15,20-21, in: Bib. 54,
     1973, (1-24)(4-)7; J.G. JANZEN, a. a. O. 117; W. McKANE, a. a. O. XVIf.357.

40   Siehe etwa K. KOCH, Was ist Formgeschichte? 2. A. 1967, 211ff oder J.M.
     BERRIDGE, Prophet, People, and the Word of Yahweh. An Examination of
     Form and Content in the Proclamation of the Prophet Jeremiah, BST 4, 1970,
     208f.

41   Anm. 39!

42   W.L. HOLLADAY, a. a. O. 465.44f.

kraft Jahwes Zuspruch und Beistand, die in diesem Verse unbedingt sind[43], unüberwindliche Mauer aus Bronze. - Hat das Motiv in 21,4 keine Entsprechung gefunden,
so ist es gleichwohl nicht, wie sich jetzt zeigt, in der Versenkung verschwunden. Es
taucht hier (ohne die Sonderabwandlung Zinn statt Bronze, zurückgeführt in die
Ausgangsversion[44]) unversehens wieder auf. Nicht so freilich, daß es den status quo
ante als restituiert erscheinen ließe: Inschutznahme des Jahwevolkes in Gänze durch
seinen Gott. N e u   ist vielmehr, daß die bronzene Mauer als Qualifikation nicht
diesem vorbehalten wird, daß sie vielmehr, Möglichkeit und Wirkweise Gottes blei-
bend, auf einen Mandatar, Jeremia nämlich, bezogen wird, auf einen T e i l   des
Jahwevolks also, welches in sich zerfallen, polares Gegenüber ist: H i e   Jeremia, der Unheilsprophet, selbstredend samt denen, die ihm abhängen und seiner Verkündigung sich beugen.   D o r t   alle übrigen, die hierzu nicht bereit sind und in
der Ablehnung der Unheilsprophetie, in der Befehdung Jeremias verharren. Klar ist:
in diesem Gegenüber ist Jahwe Partei, greift dementsprechend mit seinem Zuspruch
ein, macht die, die auf Jeremia hören und Unheil zu erleiden bereit sind, zur uneinn-
nehmbaren Mauer aus Bronze, an welcher der Ansturm der andern, derer, die opponieren, sich bricht. Sieg - paradoxerweise - denen, die die von Jeremia verkündete
Niederlage durchleiden. Sieg durch den Gotteszuspruch, eherne Mauer zu sein.   S o
ist das alte, überkommene Motiv neu- und wiederverwendet.

Klar ist zugleich: dies alles ist mehr als Gedankenspiel. Es ist handfeste Einfluß-
nahme in kritischer Situation. Wer die Unheilsverkündigung akzeptiert, kann gewiß
sein, daß er, Jahwes Wort und Willen entsprechend, wie die Mauer aus Bronze besteht und Grund zu der Hoffnung hat, durchzustehen. Wer Jeremias Prophetie nicht
akzeptiert, wird durch selbiges Wort entmutigt. Sagt es doch in bestimmtester
Weise voraus, daß wider das, was gottgewollt Mauer aus Bronze ist, letztlich nicht
anzukommen sein wird.

Waltet in 15,20 diese doppelte Intention, so wird schließlich klar, daß das Textelement darauf abzielt, die Front im polaren Gegenüber in Bewegung zu bringen.
So, daß - unter dem Eindruck der Vergeblichkeit des Ankämpfens und Anstürmens -

---

43   Bemerkenswert, insofern der voraufgehende Vers betontermaßen konditional
     bleibt.

44   Siehe Anm. 36, ergänzend auch die Betrachtung zu Beginn der Ziffer XXII!

Jeremia-Gegner auf die Seite hinüberwechseln, die von Jahwe selbst zur Mauer aus
Bronze gemacht ist. Derart ist diese ambivalent: sie entmutigt zum einen, zieht
zum andern auch an. Sie ist, genauer besehen, bloß vordergründig und vorderhand
g e g e n , hintergründig und letztlich indessen "f ü r dieses Volk". Was in der
Wortwahl berücksichtigt ist. Denn ל in der Wendung ל עם vermag - in entsprechender Ambivalenz - sowohl "für" als auch "gegen" auszudrücken. Es artikuliert eine
Art Dativus (in-)commodi. "Ich mache dich", so Jahwe zu Jeremia, "für dieses Volk
zur uneinnehmbaren Mauer aus Bronze", an welcher sie, solange sie opponieren, auf-
laufen, schließlich aber doch lernen werden, was wirklich Bestand und Zukunft hat.

Wird der Kontext, zu dem 15,20 gehört, zum Schluß in die Betrachtung einbezogen,
so ist eins noch erwähnenswert: Das Wortspiel ums Verbum שוב, das 15,19 umspannt und durch inclusio rundet[45], läuft in einer Mahnung aus, die - in gewisser
Weise - 15,20 entspricht. So, daß sich's verstehen läßt, daß beide Verse aneinander-
gerückt worden sind. 15,19 schärft Jeremia (im Hinblick auf die, die ihm opponieren[46]) ein: "S i e sind's, die sich dir zukehren müssen; du aber darfst dich
nicht ihnen zukehren!" Denn: adaptierte er, Jeremia, sich seinen Gegnern, er brächte sich eo ipso um seine Beauftragung durch Jahwe. Wo aber bliebe dann der Be-
zugs- und Zielpunkt, zu welchem die Gegner sich kehren müssen? Es liegt auf der
Hand, daß es für Jeremia u n d die, die ihm opponieren, gleichermaßen wichtig
ist, daß er, der erstgenannte, ohne einen Zoll zu weichen, seine Stellung hält. Wird
aber nicht, was 15,19 anmahnt, am besten durch den Zuspruch 15,20 ermöglicht, -
dadurch, daß Jahwe Jeremia zur bronzenen Mauer macht? Wird nicht, durch das
Nebeneinander dieser Verse vollends klar, daß die Einsetzung zu besagter Mauer
derart für a l l e ist, - für Jeremia vorab und unmittelbar; für seine Opponenten im weiteren und mittelbar; letzten Endes "für dieses Volk"? Wenn dem so ist,
kommt dann nicht die Schutzmacht Jahwes - im Bilde der ehernen Mauer - wieder
für alle in Sicht, für das Jahwevolk letztlich in Gänze, vermittelt allerdings exklusiv durch den Propheten Jeremia, zu erlangen ausschließlich in der Umkehr, in der
Hinkehr zu ihm? - Es ist mit Händen zu greifen, daß dies alles weit komplizierter
als am Anfang der Amosvision ist. Es ist aber ebenso klar und schwerlich zu bestreiten, daß es sich, in welchem Maß auch weiterentwickelt, mit der dritten Amosvision b e r ü h r t .

---

45   F.D. HUBMANN, a. a. O. 250.

46   Wir kommen auf die Frage, wer mit המה gemeint ist, zurück.

V

Jer 15,20

B

Beurteilung des Berührungspunkts

Bleibt die Frage zu klären, wieviel dafür spricht, daß besagter Berührungspunkt
wirklich R e f l e x ist - oder ohne Bild: daß er Effekt der Nachwirkung des
Mauermotivs aus der dritten Amosvision im Text des Jeremiabuchs ist. Die Beantwortung der Frage setzt a n d e r e Klarstellungen voraus; solche in der Dimension der Literarkritik und -geschichte.

So ist vollends zu klären, daß 15,20 nicht p r i m ä r die Fortsetzung von 15,19
ist. Begründung hierfür kann selbstredend nicht bloß die Feststellung sein, der letztgenannte Vers sei in sich wohlabgerundet: durch das Wortspiel um שוב, durch inclusio. Zwar hebt sich v.19 so ab. Aber doch nicht so, daß eo ipso ausgeschlossen
sein würde, der Vers sei mit diesem besonderen Profil Bestandteil eines literarischen größeren Ganzen. Daß er das n i c h t ist, wird erst durch den Umstand
wahrscheinlich, daß v.19 prononciert b e d i n g t zusagt, v.20 hingegen u n -
bedingt. Anaphorisch wiederholtes אם artikuliert Bedingungen, welche nicht
weniger wollen, als daß Jeremia erst einmal u m k e h r t , - daß er Abkehr von
Jahwe, geschehen, wie es scheint, gelegentlich der Klage v.15-18, durch Rückwen-
dung zu diesem und Läuterung seines Redens abtut. Erst dann, "wenn du umkehrst
und ich dich umkehren lasse[47], darfst du vor mir (vor meinem Antlitz, als mein Be-
auftragter) stehen." Erst, "wenn du Edles, frei von[48] Leichtfertigem, vorbringst,
darfst du wie mein Mund sein." Kalkuliert man mit ein, daß v.19 auch in seinem

---

47 Zur Begründung dieser Übersetzung W.L. HOLLADAY, a. a. O. 462ff.

48 מן privativum!

dritten Drittel conditio sine qua non auferlegt ("... unter keinen Umständen darfst du dich zu ihnen hin kehren!"), liegt der Hiatus vollends zutage: Einerseits - n u r unter der Bedingung der Umkehr und entsprechend geänderten Redens - Wiedereinstellungszusage. Andererseits, ohne daß der Hauch einer Andeutung, die Bedingung könne als erfüllt angesehen werden, dazwischen zu verspüren sein würde, der Zuspruch ohne Wenn und Aber in v.20 ("ich mache dich ... zur uneinnehmbaren Mauer aus Bronze", - ohne daß   d u   zuvor irgendetwas zu tun mir schuldig sein würdest). Der Hiatus ist, was immer man sich zu seiner Verkleinerung auch überlegt[49], unüberbrückbar. Man hat sich einzugestehen: mit v.19 und 20 stoßen Texte aneinander, die getrennt entstanden sind. Ersterer umschreibt, wie das, was Jeremias Klage anrichtet, zu reparieren ist. Letzterer, v.20, ein doppeltüberlieferter Text (!)[50], teilt dieses Interesse nicht und ist von Haus aus, einfacher, Zuspruch zum Bestehen des Kampfs im polaren Gegenüber innerhalb des Jahwevolks. - Mehr nebenbei gesagt wird wohl auch richtig sein, daß mit המה "sie", v.19, der Verschiedenheit der Texte gemäß, nicht ursprünglich schon "dieses Volk", v.20, anvisiert war, sondern, im Zusammenhang mit der Klage v.15-18[51], Jeremias Widersacher[52]. Erst sekundär-kompositorisch, nach Verknüpfung dieser Texte, wird beides zusammengesehen: Jeremia ist - in der Ambivalenz, von der schon die Rede war - bronzene Mauer "für dieses Volk", in dem, in der Auseinandersetzung, welche anliegt, besagte Opponenten noch immer bestimmend sind. - Wichtiger noch: Erst sekundär und kompositorisch ist das literargeschichtliche Stadium erreicht, in welchem sich jene Texte, v.19 und 20, wie schon beschrieben, wechselseitig stützen und interpretieren.

Im nächsten Schritt ist zu klären, welcher Teil im literarischen Gefüge ursprünglicher als der andere ist - oder anders gesagt: welcher besser eingebettet ist. Die Antwort ist unzweifelhaft. Denn: v.19 entspricht der Klage v.15-18, nicht v.20. Also kann nur   d i e s e r   hinzugesetzt sein[53]. - Bezieht man in die Überlegung ein,

---

49   Zur Abwägung im einzelnen F.D. HUBMANN, a. a. O. 291.

50   Man vergleiche mit ihm Jer 1,18-19! Siehe abermals F.D. HUBMANN, a. a. O. 217-244!

51   Besonders zu bedenken v.15 und 17.

52   Man vgl. F.D. HUBMANN, a. a. O. 250f.287ff; W.L. HOLLADAY, a. a. O. 464f; R.P. CARROLL, a. a. O. 334!

53   Vgl. auch J. VERMEYLEN, Essai de Redaktionsgeschichte des "Confessions de

daß v.20 mit Jer 1,18-19 in nuce identisch ist, so gibt dies noch zu erwägen, ob unser Zusatz in Kapitel 15 nicht aus 1 hergeleitet sein könnte. Die Möglichkeit solcher Provenienz erscheint nicht schon deshalb ausgeschlossen, weil die Parallele in 1, wie gezeigt werden wird, entwickelter ist als die Fassung unseres Zuspruchs in 15. An sich könnte ja (wiewohl zwingend nichts darauf hindeutet) in einem früheren Stadium der Entwicklung aus 1 deriviert worden sein. Entscheidender ist indes, daß auch im Komplex des Eröffnungskapitels unser Zuspruch zum L e t z t e n gehört, was hinzugefügt worden ist[54]. Ergo scheint es am Ende, wenn alles erwogen ist, am plausibelsten zu sein, sowohl hier, in 15, als auch dort, in 1, mit nachträglicher Ergänzung zu rechnen; wohl im Zusammenhang miteinander; aus ein und derselben Wurzel; möglicherweise noch eine Weile unter wechselseitiger Beeinflussung.

Sollte diese Einschätzung zutreffen, so sähe es nicht danach aus, als habe Jeremia höchstselbst 15,20 nachgetragen[55]. Die Annahme hätte mehr für sich, die Erweiterung um jenen Zuspruch, bronzene Mauer zu sein, sei r e d a k t i o - n e l l erfolgt. Bearbeitern scheint es ein Anliegen gewesen zu sein, in die Krise um Jeremia hinein jenen Jahwezuspruch als Ermutigung mit auf den Weg zu geben; einerseits gleich in der Ouvertüre des Jeremiabuchs, andererseits an der Stelle, wo es um die Wiederbetrauung des in die Krise geratenen Propheten ging.

Bleibt schließlich die Frage, wieviel dafür spricht, daß diese Ergänzung - in 15,20 - im Rückgriff auf die Amosvisionserzählung zustande gekommen ist. War das Motiv der metallenen Mauer schon in der Frühzeit der El-Amarna-Briefe im Vorderen Orient und in Ägypten im Schwang[56], was rechtfertigt dann die "Engführung"

Jérémie", in: BEThL 54, 1981, 239-270.

[54] Ziffer VII! Zur Wachstumsgeschichte des relativ späten Komplexes Jer 1 einstweilen etwa S. HERRMANN, Jeremia, BK XII, 1986, 49ff!

[55] So klar es auch ist, daß es nicht an Exegeten fehlt, die (vielleicht in Gedanken an Jer 36,2.32) nichts dabei finden, unseren Propheten in dieser Art schriftstellern zu lassen: als Bearbeiter und Herausgeber eigener Hinterlassenschaft.

[56] Auch dazu der Vf. in OBO 81, speziell 43f.

zurück zur Erzählung im Amosbuch? Nun - nicht aus der Welt zu schaffen ist, daß jenes Motiv im Schrifttum des Alten Testaments eben nicht in der Streuung vorkommt, welche, weitgreifender Gebräuchlichkeit gemäß, eigentlich zu erwarten sein würde. Ist's Zufall, daß es n u r in zwei alttestamentlichen Partien auftaucht, ausschließlich in zweien prophetischer Art, im Amos- und Jeremiabuch, nicht auch noch hier und dort ansonsten? Hat's dann nicht mehr für sich, auch (!) einen Zusammenhang gelten zu lassen, einen solchen der Derivation, selbstredend von der älteren Bezeugung ausgehend, hin zu den jüngeren Stellen? Sieht nicht die Verwendung jenes Motivs in Jer 15,20 ohnehin so verfeinert aus, daß sie als Fortentwicklung anmutet? Ist, wohin man auch schaut im Alten Testament, bloß e i n e motivliche Parallele zu sehen, diese indes in derselben Sparte alttestamentlicher Literatur und zeitlich nicht zu entrückt, warum sollte es dann zu gewagt sein, einen Zusammenhang gelten zu lassen, Nachwirkung und Reflex? Aber lassen wir diese Fragen! Antworten wir besser erst, wenn es auf breiterer Basis, gestützt auf weitere Befunde, möglich ist[57]!

---

57   Also in der "Zusammenschau", in der abschließenden Ziffer XXII.

VI

Jer 1,18f

A

Aufweis des Berührungspunkts

Wie gesagt, der andere Beleg des doppeltüberlieferten Zuspruchs findet sich in 1,18f. Im Rahmen dessen, was hier, in der vorliegenden Studie, von Interesse ist, kann der (15,20b entsprechende) Schluß des Zuspruchs 1,19b ("denn ich bin mit dir - Ausspruch Jahwes -, dich zu erretten") vereinfachend außer Betracht bleiben. Von ihm abgesehen ergibt der synoptische Vergleich[58], daß 1,18-19a, verglichen mit 15,20a, sich durch "Überhänge" auszeichnet, durch überschießenden Text. - Textkritisch betrachtet wird dieser in LXX, relativ zum Masoretischen Text, nur vereinzelt und wenig bedeutend zerdehnt[59]. Im großen ganzen wird hier eher[60] reduziert bezeugt[61]. LXX scheint so, im gegebenen Fall, dem Urtext nicht näher, sondern ferner zu stehen[62]. Per saldo hat's diesmal mehr für sich, der Langfassung

---

58 Am bequemsten vielleicht im Anschluß an H.-W. JÜNGLING, a. a. O. 7ff.

59 Zum einen durch pleonastische Wiedergabe von היום. Zum andern durch ein zusätzliches Adjektiv bei der bronzenen Mauer, von בצורה in 15,20 angeregt. Zu beiderlei Plus in der griechischen Übersetzung von 1,18: J. ZIEGLER, Beiträge zur Ieremias-Septuaginta, MSU 6, 1958, 89 und J.G. JANZEN, a. a. O. 30.63.

60 Abermals abweichend von der Einschätzung bei 21,4 in Anm. 13. Vgl. auch Anm. 39!

61 Fraglich, ob bedingt durch Haplographie. Zu J.G. JANZEN, a. a. O. 119.

62 Abgesehen davon, daß Sing. im Falle der Mauer aus Gründen der Inneren Textkritik (siehe S. HERRMANN, a. a. O. 42) vor Plur. den Vorzug verdienen

des Masoretischen Textes zu folgen. - Ergo tritt in 1,18-19a, verglichen mit 15,20a, jener Jahwezuspruch e n t f a l t e t in Erscheinung[63].

Entfaltet wird einerseits das Motiv der bronzenen Mauer an sich, andererseits die Angabe, wofür oder wogegen sie ist; sie - oder im Grunde genommen Jeremia, der zu ihr gemacht und mit ihr verglichen ist. - Was die erstgenannte Entfaltung anlangt, so besteht sie, zunächst einmal einfach, darin, daß beredter gesagt wird, was mit Mauer, חומה, ins Auge gefaßt ist: eben עיר מבצר, "die befestigte Stadt"[64]. S i e kommt in Sicht, wird synekdochisch חומה erwähnt; allenthalben, sowohl bei der Amosvision als auch bei Jer 15,20. In der Breite des Ausdrucks in Jer 1,18 wird, nicht ohne Logik, die Bezeichnung des G a n z e n v o r a n gestellt. Die herkömmliche Synekdoche folgt nach. Entfaltung bringt hier nichts Neues.

Neu ist hingegen, was in Zwischenstellung hinzubemerkt wird: Jahwe macht Jeremia zugleich zu עמוד ברזל. Das ist nicht bloß neu, sondern bedauerlicherweise auch schwer verständlich; wenn nicht für die Menschen damals, dann jedenfalls für uns heute. - Wichtigste Vorfrage könnte sein, ob, was da hinzuverlautet, integraler Bestandteil des Ganzen ist, Bestandteil besagter befestigter Stadt, oder ob, mehr additiv, ein weiteres Bild ins Spiel gebracht wird, das entsprechend für sich zu nehmen und zu verstehen ist. Trifft letzteres zu, ist die Einheit des Motivs zersprengt, jene Wendung jedoch verständlich, ohne daß es eines semantischen Experiments bedürfte. Jahwe sagt dann Jeremia zu, er mache ihn zu einer "Säule aus Eisen". Will sagen, zu einer Säule, die selbst unter schwerster Belastung nicht bricht. Wobei Eisen vorausgesetzt ist, das dank entwickelter Verfahren in einem Grade gestählt ist, daß es soviel wie Bronze aushält[65]. Vielleicht ist ja auch an "Eisen aus dem Norden" gedacht, bei welchem die rhetorische Frage - ausgerechnet - in Jer 15,12 unter-

---

wird.

63   Dazu, daß bei den verglichenen Parallelstellen tatsächlich die erstgenannte entfaltet und nicht die letztgenannte verkürzt ist, Eingehenderes unter VII!

64   Dazu, daß חומה die Stadtmauer und קיר einen anderen Mauertyp, die Gebäudemauer bezeichnen, H. WEIPPERT, Mauer und Mauertechnik, in: BRL[2], 1977, (209-212)209. Von derselben Verfasserin zusätzlich: Festung, in BRL[2], 80-82.

65   Dazu R.J. FORBES, Studies in Ancient Technology, IX, 1964, 184ff.195ff.219f.

stellt, daß es bekanntermaßen nicht bricht[66]. - So eingängig hier die Aussage-
intention auch sein würde, nämlich eine von Gott gegebene, durch nichts zu
brechende Belastungsfähigkeit zuzusprechen, so nährt doch die Art, in der das eine
Bild das andere auseinandersprengt, den Zweifel, ob so adäquat verstanden ist.
Sollte עמוד ברזל nicht vielleicht direkter mit "der befestigten Stadt", zu der
Jeremia eingesetzt wird, zu tun gehabt, bildlich gesprochen, zu den Befestigungsan-
lagen gehört haben? Etwa als ein - der Substanz nach - außergewöhnliches, stabili-
sierendes Bauelement in irgendeinem Verbund mit der Mauer[67]?   Man kann das nur
f r a g e n , sicherlich nicht behaupten! Allerdings, man sollte hier nicht aus den
Augen verlieren, daß "Säule aus Eisen" so wenig an realen Vorfindlichkeiten im
alten Palästina orientiert gewesen sein muß wie "Mauer aus Bronze". Beide Wendun-
gen umschreiben ja, normale Empirie transzendierend, Möglichkeiten Gottes[68]! -
Nicht ganz "aus dem Rennen" sollte die Frage sein, ob am Ende der semantische
Versuch[69] vertretbar erscheinen könnte, bei עמוד - im Falle von Jer 1,18 - von
der etablierten Bedeutung ("Säule") abzugehen und Zylinderförmiges (nicht ausschließlich "aufgestellt", sondern in jeder Lage und Funktion) bezeichnet sein zu
lassen. Gelangt man derart zur "Eisenstange", zum "stählernen Riegel", so unter-
bräche die fragliche Wendung nicht mehr Motiv und Bild in 1,18; vielmehr schlösse
sich alles zusammen, hätte Homogenität und Einheit in der "befestigten Stadt".
Denn der eiserne Riegel - einem hölzernen weit überlegen, nicht bloß der Härte,
sondern auch der Nichtbrennbarkeit wegen - bedeutete Uneinnehmbarkeit jener עיר
מבצר auch dort, wo sie ihren schwächsten Punkt hat: am Stadttor[70]. Es ist richtig,
daß eben dann, wenn die Widerstandskraft von befestigten Städten ins Bewußtsein
erhoben werden sollte, in der Auffächerung der entscheidenden Faktoren Mauer und

---

66   Z. St. F.D. HUBMANN, a. a. O. 208 und R.J. FORBES, a. a. O. 235.

67   Vergleichenswert H. WEIPPERT, Mauer und Mauertechnik, in: BRL[2], 210, dazu-
     hin H. RÖSEL, Haus, in: BRL[2], (138-141)140 mit dem Hinweis auf einen "Kon-
     struktionspfeiler in einer massiven Mauer"; schließlich H. WEIPPERT, Säule, in:
     BRL[2], 259f.

68   Siehe die Ausführungen des Vf.s in OBO 81, 26ff!

69   Unternommen von SCH. TALMON, An Apparently Redundant MT Reading -
     Jeremiah 1:18, in Textus 8, 1973, 160-163.

70   Abermals H. WEIPPERT, Belagerung, in: BRL[2], (37-42)38.

Riegel nebeneinander Erwähnung finden konnten[71]. Es trifft nicht minder zu, daß gesteigerte Widerstandskraft am "schwächsten Punkt der Fortifikation"[72] - außer durch bronzene Türflügel - gerade durch eiserne Riegel zum Ausdruck gebracht werden konnte[73]. Sollte also in der Entfaltung von Jer 1,18 allerhöchste Widerstandskraft einer Festung mit Eisenriegel am Tor und bronzener Mauer zugesprochen worden sein? Es wäre in der Tat eine eindrucksvolle Entfaltung des Motivs von Jer 15,20 und Am 7,7. Man entschlösse sich auch gern zu diesem Verständnis, bliebe nicht das Restrisiko, daß עמוד, allzu deutlich von עמד her bestimmt, es nicht gestatten könnte, von der sonst so bewährten Bedeutung "Säule" abzugehen. - Welches Verständnis nun auch das Richtige trifft, auf keinen Fall dürfte es angehen, sich der offenen Frage unter Berufung auf den kürzeren Text der LXX zu entziehen[74]. Und soviel ist jedenfalls sicher: daß hier ein zusätzlicher Akzent auf den Zuspruch außerordentlicher Resistenz gesetzt ist.

Entfaltet ist a n d e r e r s e i t s , wie vorhin gesagt, die Angabe zur Frontstellung, zum B e z u g , in dem Jeremia standzuhalten hat - als gottgewollt-gottermöglicht uneinnehmbare Festung. Nennt die Parallele in 15,20 global "dieses Volk", so fächert 1,18 - noch einmal, wie im vorigen Punkte - auf. Sie tut es zum einen nach verschiedenen führenden Ständen[75], zum anderen nach dem geführten Volk[76].

---

71 Dtn 3,5; 2 Chr 8,5; 14,6.

72 Siehe Anm. 70!

73 Jes 45,2; Ps 107,16. Nicht übersehen werden sollte Dtn 33,25.

74 Dieser dürfte durch K ü r z u n g zustande gekommen sein. Schwerlich durch haplographiebedingte (Anm. 61). Eher durch eine, welche die Beschwerlichkeit der Stelle hinwegglättet.

75 Möglich, daß hier von Priestern nicht bereits im Urtext die Rede gewesen ist, daß von anderen Ständeauflistungen im Jeremiabuch her eine Auffüllung und Angleichung erfolgt ist. Vgl. 2,26; 4,9; 32,32 u. ö.! J.G. JANZEN, a. a. O. 35!

76 Es ist in der Tat recht wenig wahrscheinlich, daß עם הארץ auch noch an dieser Stelle die (in vorexilischer Zeit) staatstragende Oberschicht landbesitzender Vollbürger gemeint haben sollte. Mit A.H.J. GUNNEWEG, עם הארץ - A Semantic Revolution, in: ZAW 95, 1983, 437-440.

Es lohnt nicht im hier interessierenden Zusammenhang, allen Details nachzudenken. Was beachtet zu werden verdient, ist dreierlei: E r s t e n s , daß aufgefächert gleichwohl das Ganze im Auge behalten wird; im wesentlichen s o , wie bei der vorigen Entfaltung: "Befestigte Stadt" vorab, in der Folge involvierte Einzelheiten. Dieses Mal: "Das ganze Land", dann aufgefächert, wer im einzelnen beteiligt ist. Um die Details herum in der Art der inclusio הארץ. Man glaubt die Manier zu erkennen, in der hier entfaltet wird. - Z w e i t e n s   tritt greifbar hervor, daß die Zielrichtung jenes Redens, bei welchem es so außergewöhnlicher Widerstands- kraft und Belastungsfähigkeit bedarf, J u d a   ist, inklusive (unausgesprochener- maßen) Jerusalem. Prima vista mag's der Erwähnung nicht wert zu sein scheinen. Vollends nicht, wird 1,18 von der Parallele in 15,20 her angegangen. Nur eben im Kontext ab 1,4 ist jene Entfaltung - explikativ - höchst nötig. Denn die Zielrichtung des Wirkens, zu dem Jeremia im Text ab 1,4 beauftragt wird, ist - die Weite der V ö l k e r w e l t . "Zum נביא לגוים habe ich dich bestimmt", so Jahwe zu Jeremia, 1,5. Und gleich nochmals, 1,10: "Siehe, ich beauftrage dich ... über die Völker und Königreiche, auszureißen und einzureißen, zu vernichten und umzustür- zen, zu bauen und zu pflanzen." Klar, daß es bei dieser Ausrichtung eigens gesagt werden muß, das Motiv der Einsetzung Jeremias zur befestigten Stadt und bron- zenen Mauer, 1,18, gelte jenen Pressionen, welchen der Prophet i n t e r n   un- terliegt, in der Auseinandersetzung mit den führenden Ständen und dem geführten Volk in Juda. Was klargestellt wird, ist, von 15,20 her gesehen, dem Textelement der bronzenen Mauer inhärent. - D r i t t e n s   ist, was bei der Parallele ins Auge stach, abermals festzustellen: die A m b i v a l e n z , in der Jeremia be- festigte Stadt und Mauer ist. Er ist so einerseits und zunächst, woran על in 1,18 keinen Zweifel läßt, "g e g e n   das ganze Land" eingesetzt. Er ist andererseits, da der zu kämpfende Kampf ja nicht auf Vernichtung aus ist, vielmehr auf Hinzu- gewinnung für die von Jeremia verfochtene Position, zugleich die Festung, welche, weil so resistent, bestehen bleiben und richtungweisend sein wird, f ü r   alle, die vom aussichtslosen Opponieren lassen und sich neuorientieren - auf das von Jeremia verkündigte Gotteswort hin. Es ist so gut wie sicher, daß der eigenartige Wechsel der "Präpositionen" in 1,18 - von על zum dreimaligen ל, das (u. a.), wie gesagt, so- wohl "gegen" als auch "für" heißen kann - eben dieser Ambivalenz annähernden Aus- druck verleiht! Alles in allem: Die von Gott bewirkte befestigte Stadt mit ihrer Mauer aus Bronze ist noch immer Gottes Schutz f ü r   sein Volk in Gänze, zu erlangen jetzt aber ausschließlich über J e r e m i a , durch Hinkehr zu ihm, im Anschluß an ihn.

Wird der K o n t e x t , der allernächste und nächste, in die Betrachtung einbezogen, so ist zweierlei erwähnenswert: E r s t e n s , daß sich auch hier mit
Zuspruch Anspruch verbindet. Jeremia wird, in einem Atemzug mit dem Heilsorakel,
vermahnt, den Kampf unerschrocken zu kämpfen. Wobei in 1,17, anders als in 15,19,
nicht Abkehr und Umkehr vorausgesetzt sind. Es wird hier nicht w i e d e r b e -
traut, unter der Bedingung der Buße und Läuterung re-installiert, vielmehr i n -
i t i a l beauftragt, - nicht bloß "über die Völker und Königreiche", 1,10, sondern
auch zum internen Kampf, im Gegenüber, zu welchem Jahwes Volk im Süden
Palästinas auseinandergefallen ist. - Z w e i t e n s darf - im Blick auf den
Kontext - nicht übersehen werden, daß der Zuspruch in 1,18(-19a), so wie die Dinge
gefügt sind, als T e i l einer umfassenderen Gottesrede verlautet, die aus Bild-
interpretationen erwächst und mitten in Schauungen anhebt, in Visionen (im eigentlichen oder weiteren Sinn), in 1,11.13f. Jeremia schaut - und vernimmt nach dem
überkommenen Kontext noch im Zuge seines schauenden-hörenden Erlebens gerade
auch jenen Zuspruch eines durch nichts zu brechenden Gottesschutzes - im Zeichen
und Bild der befestigten Stadt und besagter Säule und Mauer. Er wird sich im Blick
auf einen Topf, unter welchem Feuer entfacht ist und der auf demselben so schief
steht, daß er "von Norden her" überzukochen droht, der Gefahr eines Unheils bewußt, welches aus der nämlichen Himmelsrichtung heranflutet. In der Bedrängnis
dieser Unheilsschau erfährt er zugleich, daß er selbst - durch Gottes Einwirkung -
wie ein Fels in der Flut, nein, wie eine Mauer aus Bronze stehen wird. Zwar
s c h a u t er sie nicht wie einst Amos. Er nimmt sie nicht visionär wahr. Wohl
aber - nur wenig verschoben - auditionär: in der Audition, welche aus der Schauung
erwächst. - Noch etwas anderes hat sich um eine Nuance verschoben: die Mauer,
die bis zum Umschwung in der dritten Vision des Amos dem Jahwevolk zugute kam,
ihm unkompliziert und in Gänze, ist, wenigstens vordergründig, nur Jeremia zugesprochen, samt denen, die auf ihn hören; einem T e i l also nur im Jahwevolk;
einem Teil allerdings, der auf Zulauf, auf Zuwachs aus ist.

Verschiebungen wie auch immer, jedenfalls die metallene Mauer, die, unheil-
umwittert, Schutz bedeutet, ist wieder auf dem Plan. Hatte sie zu Beginn jener
Amosvision ihre Schutzfunktion und -bedeutung in jäher Peripetie verloren, so hat
sie sie hier, in Jer 1,18, wiedererlangt. Mit ihr und durch sie ereignet sich ein Neu-
einsatz, just da, wo alles zu Ende zu sein schien! - Wer könnte im Ernst bestreiten
wollen, daß sich unsere Jeremiabuchstelle punktuell sehr intensiv mit dem Mauer-
motiv jener Amosvision berührt?

VII

Jer 1,18f

B

Beurteilung des Berührungspunkts

Auch dieses Mal - vom Aufweis und der Analyse des Berührungspunktes wohlab-
gesetzt - die Frage, wieviel dafür spricht, daß dieser tatsächlich R e f l e x ist,
Widerspiegelung im Sinn einer Abhängigkeit, einer Abhängigkeit unserer Jeremiabuchstelle von der dritten Amosvisionserzählung. Wieder versteht sich von selbst,
daß sich die Frage allenfalls beantworten läßt, wenn einigermaßen am Tag ist, wie
sich's literarkritisch zum einen, literargeschichtlich zum andern mit Jer 1,18f verhält.

Allerdings, wer in dieser Perspektive vorrückt, gelangt auf besonders umkämpftes
Terrain. Begreiflich, warum: Bei der Analyse des Kontexts, Jer 1,4-19, ist die Frage
besonders "heiß", was vom historischen Jeremia herrührt und was nicht, ob von ihm
Protokolliertes, Selbstbericht im tatsächlichen Sinne vorliegt - oder ob solches,
trotz des sich durchhaltenden Ich-Stils, nicht oder kaum der Fall ist. Die Urteile
(und wohl auch Vorurteile), gegensätzlich "bis auf den heutigen Tag", prallen hier
vehement aufeinander. Es ist allerdings - was einleuchten wird - im Rahmen dieser
Spezialrecherche nicht möglich, die Auseinandersetzungen auszubreiten und
umfassend Stellung zu nehmen. Es muß stattdessen genügen, strikt zielgerichtet das
umstrittene Terrain zu durchmessen; so, daß für jeden Schritt der Grund eruiert und
angegeben wird.

Der Ausgangspunkt für diesen Vorstoß wird - vielleicht überraschenderweise - dort
genommen, wo die Zusammenhänge besonders kompliziert, aber, ebendarum, auch
besonders klärungsbedürftig sind. Gedacht ist an die Zusammenhänge zwischen Jer

1,7f und 1,17ff und - nicht zu vergessen - auch 15,20. Sieht man von Querver-
bindungen zur letztgenannten Stelle zunächst einmal ab, so ist folgendes nicht zu
bestreiten: Im initialen Komplex von 1,4-19 wird handfest und wörtlich   w i e -
d e r h o l t .   Nicht etwa bloß punktuell und beschränkt auf eine kleinere
Passage. Nein, ausgedehnter, in einer Reihe von Sätzen. Jahwe zu Jeremia nach
1,7.8: "... alles, was ich dir gebiete (pi. von צוה + Suffix der 2. sing. m.), sollst du
sagen!" Dann, unmittelbar angeschlossen, Vermahnung zur Furchtlosigkeit: "Fürchte
dich nicht vor ihnen!" Nahtlos die Begründung dazu: "Denn ich bin mit dir, dich zu
erretten". Das Ganze wohlabgeschlossen mit der (Schluß-)Formel "Ausspruch
Jahwes". Alles dann aber - auffallenderweise - noch einmal, in 1,17.19. Nicht etwa
bloß ungefähr gleich. Nein, von verschwindenden Ausnahmen abgesehen,   w o r t -
g l e i c h :   Abermals anhebend mit dem an Jeremia gerichteten Auftrag, "alles"
sagen zu sollen, "was ich dir gebiete (pi. von צוה + Suffix der 2. sing. m.)" usf. Was
gravierend   a b w e i c h t ,   ist bloß eins: daß die Reihe der Sätze, derselben
Sätze, gesplittet ist. Sie ist nach der Vermahnung zur Furchtlosigkeit (v.17) und vor
der dazugehörenden Begründung "Denn ich bin mit dir ..." (v.19b) gründlich ausein-
andergesprengt, um neue, breit ausgeführte Gedanken in die Mitte zu nehmen, -
eben jene, die der Mauer aus Bronze gelten und hier speziell interessieren. In der
Wiederholung wird so die Vermahnung, furchtlos zu bleiben,   d o p p e l t   begründet: Nicht nur - wie im ersten Anlauf (v.8b) - mit Jahwes Versicherung "ich bin
mit dir, dich zu erretten", sondern auch mit seinem Zuspruch, so uneinnehmbar zu
machen wie eine befestigte Stadt und eine bronzene Mauer, so unzerbrechlich wie
eine eiserne Säule ...(v.18).

Wie ist der Befund zu werten? Sollte geltend gemacht werden dürfen, hier wieder-
hole sich einer selbst, sei ein und derselbe Verfasser, bewußt und absichtlich, auf
repetitio aus, auf die in der Form der inclusio oder der Zweiphasigkeit? - So zu
argumentieren verfängt nicht! Denn einerseits steht, was sich da wiederholt,
keineswegs so effektvoll am Anfang und Schluß, daß von der Stilfigur der inclusio
im Ernst die Rede sein könnte. Und andererseits sieht es nicht so aus, als sei, eben-
mäßig genug, Zweiphasigkeit durchgeführt. - Eher schon sieht es danach aus, als
seien aus 1,7.8 geeignete Sätze wiederaufgenommen, um vor dem Schluß des initialen Texts, sozusagen im letzten Moment, noch einmal Raum zu eröffnen und
Rahmung zu schaffen - für einen Nachtrag, eine Ergänzung. Was in 1,7bβ.8   zusammenhängend ausgedrückt ist, das wird in 1,17.19 gesplittet wiederholt, wie die Teile
einer Klammer auseinandergespreizt und gespannt, damit sie zwischen sich, was er-

gänzt werden soll, festhalten. Dieses Verfahren, einen Nachtrag einzubringen, ist von signifikanter Machart: Es setzt den fertig vorliegenden Text, 1,4ff, voraus, verändert ihn nicht, greift in ihn nicht ein, wiederholt bloß aus ihm und besorgt sich derart die Mittel, mit denen - additiv - ein Fortsetzungstext in gleichem Duktus gebildet wird. In so deutlich gleichem Duktus, daß der Anschluß und Rückbezug der Ergänzung trotz allem, was in 1,11-16 dazwischensteht[77], evident und nicht zu verkennen ist. Es ist schlechterdings unvorstellbar, daß - in dieser Machart - ein und derselbe Autor sich selbst ergänzt haben könnte. Es hat mehr für sich[78], daß ein anderer, Späterer, eben ein "Ergänzer", in dieser Technik - den Komplex ab 1,4 vor Augen - die ihm notwendig erscheinende Ergänzung 1,17-19 geschaffen hat.

W a s   ihn ergänzenswert deuchte, ist klar und braucht bloß noch angedeutet zu werden: Es schien ihm - nach allem, was vom Wirken des historischen Jeremia bekannt war - nicht anzugehen, diesen Propheten - dezidiert universalistisch -   als לגוים נבא, als "Propheten für die Völker" einzuführen. Hatte er nicht, historisch gesehen und nach Ausweis der in Kapitel 2-25 gesammelten Texte, vor allem einen Auftrag wider Jahwes eigenes Volk? War dem dann nicht, über 1,4-10 hinaus, ergänzend Rechnung zu tragen?   Und andererseits: War die Ausrichtung dieses Auftrags, gerade im Gegenüber zum eigenen Volk, nicht zum schrecklichen Kampf geraten? Waren demnach Auftrag und Zuspruch von 1,7.8 nicht spezifischer auszugestalten - aus dem Vorstellungskreis des prophetisch abgewandelten Jahwekrieges heraus[79]? Mußte es nicht, aus diesen Überlegungen heraus, exakt zu der supplementären Parallelgestaltung zu 1,4-10 in 1,17-19 kommen? Und bot es sich dann nicht an, den auch in 15,20 verwandten Zuspruch einzusetzen, den, der die Unüberwindlichkeit einer bronzenen Mauer zusagt? - In summa ist klar, daß das Wort auch hier, im Komplex Jer 1, keineswegs zum primären Bestande gehört. Es ist vielmehr Bestandteil des Zuwachses, welcher 1,4-10, präziser 1,7-8, voraussetzt.

---

77 Wahrscheinlich nicht in dem Sinn, daß es den Fortsetzungszusammenhang, dazwischenkommend, unterbrochen hätte. Dies zur Erwägung, die J. BRIGHT in Jeremiah, AncB 21, 1965, 7f anstellt. Vermutlich eher in dem Sinn, daß es e h e   unsere Ergänzung erfolgte, dazugekommen ist. Zum Verständnis im einzelnen etwa S. HERRMANN, a. a. O. 43ff.

78 U. a. auch den Umstand, daß über Zwischentexte hinweg der Faden von 1,7.8 wiederaufgenommen und weitergesponnen wird.

79 Siehe dazu Anm. 21, überdies, spezieller, W.L. HOLLADAY, a. a. O. 43ff!

Es hat andererseits viel für sich, daß der Passus 1,17-19, der Jeremia im Kampf mit vielen in seinem Volke begriffen sein läßt, auch hinzugesetzt worden ist, um zugleich zum großen Komplex von Kapitel 2-25 die Brücke zu schlagen, wo der Prophet entsprechend, nämlich wider sein Volk, auftritt. Im selben Maß ist es wahrscheinlich, daß der Abschnitt gleich mehrere Funktionen erfüllt: nicht alleine die der "Ergänzung" bezüglich des voraufgehenden Texts, sondern auch eine im Dienste der Komposition und Edition.

Beide Funktionen gestatten - im Einklang miteinander - den   Z e i t a n s a t z vorzunehmen: Ist das Textstück auch kompositorisch-editorisch bedingt, so spricht das für Spätentstehung. Ist 1,4-10 zwingend notwendige Voraussetzung, so läßt dieses Faktum entsprechend spätdatieren: Denn die Auffassung ist sicher im Recht, daß das universalistisch konzipierte Motiv eines "Propheten für die Völker" 1,5 eine Weltsicht einbezieht, wie sie erst aus den Erfahrungen der Exilszeit erwuchs, als die feindlichen Mächte der ם י ו ג als solche verstanden wurden, "die in ihrer Gesamtheit dem Willen des einen Gottes Israels unterworfen waren"[80]. Ist so 1,4-10 erst aus der Zeit des babylonischen Exils erklärlich, so ist der diese Passage ergänzende Zusatz 1,17-19 frühestens noch aus dieser selben Epoche, aus den letzten Stadien derselben; oder er entstammt eben erst der folgenden Ära, der nachexilischen; eher den früheren als den späteren Abschnitten in ihr[81].

Einerlei, ob innerhalb dieser Spanne ein wenig früher oder später, auf keinen Fall kann so der Zusatz 1,17-19 von Jeremia abgefaßt sein. Zwar läßt sich theoretisch nicht ausschließen, daß der Zuspruch 1,18, lediglich dieser - und auch er nicht so, wie er überkommen ist, sondern allenfalls in nuce -, vom Propheten herrühren

---

80 S. HERRMANN, a. a. O. 51. Bis auf den heutigen Tag beachtenswert B. DUHM, Das Buch Jeremia, KHC XI, 1901, 1ff.6ff, in manchem aber auch B. STADE, Der "Völkerprophet" Jeremia und der jetzige Text von Jer. Kap. I, in: ZAW 26, 1906, 95-123. Zur Orientierung aus gegenwärtiger Warte vor allem W. McKANE, Jeremiah, ICC, I, 1986, 6-14.

81 Auch unter diesem Gesichtspunkt mit HERRMANN, a. a. O. 54/55.

könnte. Aber mit Gründen untermauern läßt sich das nicht[82]. Hingegen ist sicher genug, daß der supplementäre Text, so wie er (per repetitionem) organisiert worden ist und uns vorliegt, keinesfalls von Jeremia selber verfaßt und eingebracht worden sein kann. Einmal mehr kristallisiert sich heraus, daß der Abschnitt, welcher sich mit der dritten Vision des Amos berührt,   s e k u n d ä r   zustande gekommen ist.

Ergibt sich aber Mal für Mal, daß, was sich da im Buch Jeremia mit Amosvision berührt, von   s p ä t e r e r   Hand herrührt, von der eines Bearbeiters nach Jeremia, so ist allmählich zu fragen, ob's nicht gerade   R e d a k t o r e n   eigentümlich gewesen sein könnte, für solche Berührungspunkte zu sorgen. Dann sähe es danach aus, als habe im Kreise derer, die jeremianisches Gut redigierten, der Hinblick auf Erzählungen von den Visionen des Amos eine anregende Rolle gespielt. Dann hätte man wirklich Grund, die Berührungspunkte für Reflexe zu halten. - Freilich kann dies auch jetzt noch nicht mehr als ein vorläufiger Gedanke sein. Bleibt zu hoffen, weitere Untersuchungsschritte führen vollends auf sichereren Grund. - Zweckmäßigerweise gilt der nächste Schritt noch nicht berücksichtigten Stücken im Kontext Jer 1.

---

82   Abgesehen davon, daß die Doppelüberlieferung (vgl. 15,20a) auf eine Vorgegebenheit schließen lassen könnte. Sie müßte drum nicht gleich jeremianisch sein.

VIII

Jer 1,11-14

A

Aufweis des Berührungspunkts

In neueren Publikationen berücksichtigt und nachgerade bekannt ist, daß die Erzählung 1,11-14 von zwei Schauungen Jeremias - zunächst von einem Mandelbaumzweig, in der Folge von einem Topf, der von Norden her überzukochen droht - sich
mit Amosvisionsberichten berührt; genauer gesagt, mit dem dritten und vierten, Am
7,7-8 und 8,1-2. Eben weil dieser Sachverhalt fast schon notorisch ist, wird er hier
nur konzis umrissen einbezogen.

Was die Berührung ausmacht, ist allerhand: E r s t e n s , daß hier und dort, im
Jeremia- und Amostext, das je Geschaute teils zum Symbol gereicht, teils Wortspiel
initiiert[83], teils beides zugleich, in frappierendem Miteinander[84]; in jedem Fall zu
dem Behuf, noch bei Gott verborgene Wirklichkeit zu enthüllen; in der Mehrzahl der
Fälle unheilandrohend, gelegentlich auch verheißend. - Z w e i t e n s verstärkt
den Berührungspunkt, daß die insoweit verwandten Visionserzählungen auch völlig
gleichgeformt sind. Jer 1,11-14 ist, wie Am 7,7-8 und 8,1-2, im Ich-Stil gehalten
und also als Selbstbericht stilisiert. Überdies erzählt der Jeremiabuchabschnitt auch
in Einzelheiten ganz gleich. Er ist, wie jene Parallelen im Amosbuch, dialogisch
strukturiert, besteht aus denselben Teilelementen, verwendet dieselben Stereotypen
und fällt so immer wieder auch wortgleich aus. Eingangs Jahwes Vergewisserungs-

---

83 Zum besseren Verständnis F. HORST, Die Visionsschilderungen der alttesta-
    mentlichen Propheten, in: EvTh 20, 1960, (193-205)201ff.

84 Bedenkenswertes bei H. GESE, Komposition bei Amos, in: VT.S 32, 1981,
    (74-95)78ff.

frage[85] "Was siehst du, Jeremia?" 1,11 und entsprechend 1,13 ("Was siehst du, Amos?" 7,8 und 8,2). Daraufhin die ausdrückliche Bestätigung der jeweils gemachten Wahrnehmung, stets eingeführt mit stereotypem "Da sagte ich:" (ואמר) Jer 1,11.13 (Am 7,8; 8,2). Und schließlich das Ziel des Dialogs, seine Pointe und Klimax: allenthalben ein Gottesspruch, kaum weniger stereotyp eingeleitet, vorwiegend mit der Wendung "Da sagte Jahwe zu mir:" Jer 1,12.14 (Am 8,2 und geringfügig variiert 7,8). Ziel- und Höhepunkt stets die Interpretation der Bildimpression, auditionär aus Jahwes Munde vernommen, abgeleitet z. T. aus der Symbolik des Wahrgenommenen, z. T. aus der klanglichen Dimension, aus der Assoziation von "Bildwort" und "Hörwort", welche im Verlaufe des Dialogs verlauten[86], durch Hervorkehrung der im Hörwort beschlossenen Sinnwirklichkeit. - Wer könnte verkennen, wie sehr sich Jer 1,11-14 mit den Texten von der dritten und vierten Amosvision berührt? - D r i t - t e n s , last but not least, verbreitert sich der Berührungspunkt dadurch, daß die Erzählungen von Schauungen in Jer 1 genauso ein Paar formieren wie Am 7,7-8 und 8,1-2[87]. Wenigstens in der überkommenen Fassung sind die beiden Jeremiaerzählungen zu einer Einheit zusammengeschmiedet; nicht bloß durch die verknüpfende Formulierung "zum zweiten Mal" (שנית) , v.13, sondern auch und noch mehr durch die geraffte Gestaltung des zweiten Teils, v.13-14, nach dem Vorgang des ersten, v.11-12[88]. Nicht zuletzt sind die beiden Teile auch inhaltlich aufeinander bezogen: zum einen dadurch, daß die allgemeine Pointe, Gott werde auf die Ausführung seines Wortes achten, v.12, durch den unheildräuenden Spruch v.14 eine gewisse Konkretion erfährt; zum andern dadurch, daß die Ansage des Unheils "von Norden her" durch die Versicherung, Jahwe werde, was er sagt, auch tun, langfristig - über Krisen, Zweifel und Anfechtungen hinweg - garantiert wird. Jedenfalls, so wie

---

85   F. HORST, a. a. O. 202.

86   F. HORST, a. a. O. 201. Beachtung verdient auch H. GESE, a. a. O. 78ff.

87   Zum Aufweis des letztgenannten Paares (innerhalb einer der Fünferkompositionen im Amosbuch) H. GESE, a. a. O. 77ff.

88   So wird die Anrede "Jeremia" nach Gottes Vergewisserungsfrage im zweiten Erzählungsgang sowenig wiederholt wie die zur Interpretation überleitende Bemerkung "Du hast richtig gesehen". Bei aller Gleichgestaltung wird fein empfunden pedantische Wiederholung vermieden und durch Verkürzung, wie sie öfter zu beobachten ist (besonders exemplarisch in Hos 1,2b-9), zielstrebig der Zusammenhalt gewahrt.

jene beiden Visionserzählungen im Amosbuch, die dritte und vierte, zusammen-hängen[89], so sind auch die beiden Schau-Erzählungen im Komplex Jer 1 keineswegs bloß einfach addiert, sondern, wenn nicht von vorneherein, so doch in der über-lieferten Gestalt, als Paar miteinander verstrebt. Es ist nicht zu verkennen: auch die paarweise Konstellation, sowohl in Jer 1 als auch in Am 7 und 8, intensiviert den Berührungspunkt.

---

89 Inhaltlich gesehen als "Steigerungspaar". Dazu H. GESE, a. a. O. 82. In der sprachlichen Ausgestaltung fehlt es auch nicht ganz an der Erscheinung ziel-strebiger Verkürzung im zweiten Teil des Erzählpaares. Vgl. die Eingänge von Am 7,8 und 8,2!

IX

Jer 1,11-14

B

Beurteilung des Berührungspunkts

Bleibt zu fragen, wieviel dafür spricht, daß A b h ä n g i g k e i t im Spiel ist, - daß das stupende Maß an Berührung aus der Abhängigkeit der Jeremiaerzählungen von den Amostexten herrührt.

Man könnte die Vorstellung hegen, an Abhängigkeit solcher Art sei dann nicht zu denken, wenn eine G a t t u n g zugrunde liege und die sich berührenden Texte bedinge. Könnte es nicht so sein, daß hier und dort, also beiderseits, ein und dieselbe Gattung die Gestaltung der Texte bestimmte, - dieselbe Gattung, dasselbe Schema, derselbe Typ oder, wie immer man auch eine solche Größe nennt? - Wer sich mit dieser Meinung auseinandersetzt, wird mehreres einwenden müssen: Zunächst einmal das Bedenken, daß, selbst w e n n eine Gattung im Spiel gewesen sein sollte, sich ein späterer Text gleichwohl einen gattungsverwandten früheren Text zum Vorbild genommen haben kann. Die Gattungsfrage hebelt somit jene andere Frage, die nach der Abhängigkeit, nicht ohne weiteres aus. - Davon abgesehen ist das Bedenken am Platz, wieviel die Annahme einer solchen Gattung bei der extremen Spärlichkeit der Belege überhaupt für sich haben kann. Sieht man von der Visionserzählung Jer 24,1ff, von welcher nächstens zu handeln sein wird, zunächst noch ab, bieten sich lediglich Am 7,7-8; 8,1-2 und Jer 1,11-14 als in Frage kommende Belege an. Von den Nachtgesichten des Sacharja kommt allenfalls das sechste, Sach 5,1-4, mit ein paar Anklängen in Betracht. Alle übrigen Nachtgesichtstexte sind so wenig gleichstrukturiert, daß sie der Hypothese einer alles unterfangenden Gattung kaum zugute zu kommen vermögen. Ohnehin wäre, wenn eine Gattung, ein Schema o. ä. postuliert werden soll, angelegener, Belege aus der Zeit v o r Amos - vollauf entsprechende oder wenigstens approximative -

vorweisen zu können. Just dieses ist aber nach dem gegenwärtigen Stand der
Erkenntnis nicht möglich. Es läßt sich offensichtlich nur mutmaßen[90]. Ergo läßt
sich auch keinesfalls ausschließen, daß die Gestalt der Visionserzählung, die in Am
7,7-8 und 8,1-2 charakteristisch elaboriert hervortritt, hier auch kreiert worden ist.
Wäre sie hier ins Dasein getreten - und, um es banal zu sagen, dazu mußte es ja
einmal kommen -, dann erschiene es durchaus möglich, daß die entsprechenden Gestaltungen in Jer 1,11ff von dieser Kreation abhängen. Immerhin, die Belege danach,
nach Am 7 und 8, sind allzu vereinzelt und so ganz und gar bar jeder Verbreitung
und Streuung[91], daß der Gedanke der Nachgestaltung, direkter Abhängigkeit also,
sich einfach aufdrängen muß.

In diesem Stadium der Abwägung sollte nicht versäumt werden, die   V e r -
g l e i c h u n g   unsrer Texte zu Ende zu führen. Denn bis jetzt ist noch nicht
vermerkt, daß im Erzählungspaar des Jeremiabuchs, weder im ersten noch im zweiten Teil, die Eingangspassage der Amosvisionsberichte reproduziert worden ist[92].
Gekappt und beiseite gelassen ist, was in diesen Berichten der Vergewisserungsfrage
Jahwes ("Was siehst du, Amos?") voraufgeht. So findet weder die einleitende Bezug-
nahme auf das Ereignis der Vision ("So hat er mich schauen lassen. Sieh!") noch die
Eingangsumschreibung des Gegenstandes der Schau im Jeremiabuchtext Entsprechungen. Vielmehr nimmt dieser - zweimal hintereinander im Textpaar und insofern auffallenderweise - den Faden der Erzählung erst an   d e r   Stelle auf, wo sich der
Dialog zu entspinnen beginnt zwischen Gott und dem, der schaut. Nachdruck ist
darauf gelegt, daß sich so, dialogisch, ein um das andere Mal,   G o t t e s -
s p r u c h   ereignet. Weniger Interesse haftet an den Begebenheiten der Schauungen an sich. Bezeichnend ist, was an die Stelle der alten, ursprünglichen Erzäh-
lungseinführung, wie sie im Amostext zutage tritt, gesetzt ist: signifikanterweise
die "W o r t ereignisformel"[93]. S i e steht nun vor allem, als das bestimmende
Vorzeichen sozusagen. Sie ist nirgendwo so oft verwendet wie hier, im initialen

---

90 Vgl. z. B. S. HERRMANN, a. a. O. 50.

91 Selbst wenn man Jer 24,1ff bereits einrechnet.

92 Ein Sachverhalt, auf welchen schon verschiedentlich aufmerksam gemacht wor-
    den ist. Vgl. vor allem C.H. CORNILL, Das Buch Jeremia, 1905, 7f; H. GRAF
    REVENTLOW, Liturgie und prophetisches Ich bei Jeremia, 1963, 80f und J.M.
    BERRIDGE, Prophet, People, and the Word of Yahweh, BST 4, 1970, 66f.

93 Grundlegend dazu P.K.D. NEUMANN, Das Wort, das geschehen ist ... Zum

Komplex 1,4-19[94]. Sie hat nicht bloß die mit "Vorzeichen" umschriebene Funktion, sondern zugleich auch die der Gliederung und Zusammenfügung, dient insofern, unverkennbar, auch der Komposition. Ergo kommt dem, der den Eingang jenes Erzählungspaares[95] gegenüber der primären Fassung[96] neugestaltet hat, auch die Kennzeichnung Kompositor zu.

Mehr spricht dagegen als dafür, daß Jeremia selbst in dieser Rolle und Art gewirkt hat[97]. Zudem ist in die Komposition, die mit der "Wortereignisformel" (annähernd anaphorisch) aufgezäumt und durchgestaltet ist, ein Text integriert[98], der, wie schon früher gesagt[99], Erfahrungen und Einsichten der Epoche des babylonischen Exils zur Voraussetzung und Grundlage hat.

Erscheint so die Komposition, die den Eingang des Jeremiabuchs bildet, eher nachjeremianisch als jeremianisch, so ist entsprechend wahrscheinlich, daß die Um- und Neugestaltung der zum Paar vereinigten Schau-Erzählungen nachjeremianisch erfolgt ist. - So ist   e r s t e n s   festzuhalten, daß Amputation und Ablösung des alten, primären Erzählungsanfangs, wie er Am 7,7 und 8,1 zutage tritt, nachjeremianisch und frühestens exilisch anzusetzen sein dürften.   Z w e i t e n s   ist festzustellen, daß die Schärfe des Schnitts, durch den dieser Anfang abgetrennt worden ist sowie der Umstand, daß er zweimal hintereinander exakt an derselben Stelle geführt worden ist, schriftliche Vorlagen voraussetzen. Wie sollte sich jener Umbau, bei welchem die "Wortereignisformel" so absichtsvoll an die Stelle des alten Erzählungs-

---

Problem der Wortempfangsterminologie in Jer I-XXV, in VT 23, 1973, (171-217) 182ff.

94 Im einzelnen in 1,4.11.13, insgesamt nachgerade dreimal; dazuhin gleich anschließend, in 2,1, gar noch ein viertes Mal.

95 1,11-12 und 1,13-14.

96 "So hat er mich schauen lassen ..." usf.

97 Abwägung der Anhaltspunkte, sorgfältig und überzeugend, bei P.K.D. NEUMANN, a. a. O. 181-191; speziell 183.

98 Gemeint ist 1,4-10.

99 Siehe oben in Ziffer VII, zum "Zeitansatz"; nicht zuletzt auch Anm. 80!

eingangs, der das Visionserleben betont, gesetzt worden ist, besser vorstellen lassen als im Medium der Schriftlichkeit, durchgeführt im Blick auf literarisch vorliegende Visionserzählungstexte?

Freilich, ehe dies als Argument dafür gewertet wird, daß die Gestaltungen Jer 1,11-12.13-14 direkt nach dem Vorbild des entsprechenden Textpaars in Am 7 und 8 erfolgten, ist - so konzis wie möglich - in Erwägung zu ziehen, es möchten vielleicht vorkompositorisch Jeremiaerzählungen tradiert worden sein und schriftlich vorgelegen haben, die den Amosvisionsberichten   k o m p l e t t e r   nachgebildet waren, auch was die Eingangsgestaltung anlangt. Könnte nicht jener Kompositor, der literarisch gearbeitet hat,   i h r e   Niederschriften zur Vorlage gehabt und umgestaltet haben? - Man wird sich dem behutsamen Urteil[100] anzuschließen haben, daß hier, bei diesen Erzählungen, Erinnerungen des historischen Jeremia im Spiele gewesen sein könnten - und gegebenenfalls dann entsprechende Vorläufertexte. Allerdings - wer vermöchte zu sagen, diese seien so oder so gestaltet gewesen und bereits Jeremia habe es jenen Amosvisionserzählungen nachgetan[101]? Sind seine Bildeindrücke - nach dem zu urteilen, was von ihnen erzählt wird - nicht von anderer Art als jene Amosgesichte?

Noch nicht der schlagendste Unterschied ist, daß diese, wenigstens z. T., sich entwickelnde Bilder zum Gegenstand haben, Jeremias Schauungen hingegen, im ersten und im zweiten Fall, nur "Standbilder", von vornherein fertige, unbewegte, von allereinfachster Art[102]. Entscheidender dürfte sein, daß die Wahrnehmungen des

---

100 Abgegeben von S. HERRMANN, a. a. O. 50/51 und 74.

101 Selbst wenn der historische Jeremia hie und da in seiner Verkündigung nicht bloß unter dem Einfluß Hoseas, sondern auch unter dem des Amos gestanden hat (K. GROß, Hoseas Einfluß auf Jeremias Anschauungen, in: NKZ 42, 1931, 241-343 und andererseits J.M. BERRIDGE, Jeremia und die Prophetie des Amos, in: ThZ 35, 1979, 321-341), so läßt sich längst noch nicht folgern, daß er Bildeindrücke, die ihm selber wichtig geworden waren, so eng mit Amosvisionen zusammensah, daß er sich an den Erzählungen von ihnen orientierte.

102 Zum besseren Verständnis dieser Differenz, die zur Beurteilung, ob Vision im eigentlichen Sinne vorliegt, erheblich sein kann, zum einen E. BENZ, Die Vision. Erfahrungsformen und Bilderwelt, 1969, 163ff, zum anderen die Untersuchungen des Verfassers in: OBO 81, 1988, 32ff.

Amos, größtenteils, normale Empirie transzendieren und Jenseitiges (respektive Zukünftiges) in den Blick rücken[103], während das, was Jeremia sieht, alltäglich (gegenwärtig) wahrnehmbar ist. Es ist schon oft und gänzlich zu Recht bemerkt worden, daß sowohl der Mandelbaumstab[104] als auch der siedende Topf, der von Norden nach Süden gefährlich geneigt auf dem Feuer steht, völlig normal - als Gegenstände "aus dem gewöhnlichsten Leben"[105] - erblickt worden sind[106]. Auch wenn sich an diesen Bildimpressionen Reflexionen entzünden, die als Dialoge mit Gott erlebt wurden und Gottessprüche erbrachten, so sind sie darum "Visionen" lediglich im weitesten Sinn[107], keineswegs jedoch im engeren und eigentlichen. Was könnte dann aber die Mutmaßung stützen, just der, dem die Normalität des Anstoßes und Ausgangspunktes am allerbewußtesten war, habe gleichwohl hernach erzählt "So hat er (Jahwe) mich schauen lassen. Sieh!"?

Was immer man, hinter den überlieferten Text zurückspekulierend, für möglich zu halten wünscht, an einem ist nicht zu rütteln: daran, daß der   ü b e r k o m -
m e n e   Text an der Aussage, Jahwe habe eine Vision verursacht, ganz ausgesprochen desinteressiert gewesen ist. Ja, er muß die vorliegenden, sich ihm anbietenden Worte "So hat er mich schauen lassen ..." als so unangemessen empfunden haben, daß er sie wegließ und ersetzte, - ersetzte, wie man zu begreifen beginnt, durch das augenscheinlich adäquatere Vorbemerken, das Wesentliche sei, daß sich da, von Bildeindrücken nur angestoßen, im Verlauf eines göttlich-menschlichen Zwiegesprächs[108] דבר יהוה herausstellte.

---

103   Zumindest gilt dies von der 1. bis 3. und 5. Amosvision. Dazu OBO 81, 26ff.

104   Einerlei, ob blühend (was in der Tat nicht ausgesagt ist) oder nicht. - Es versteht sich von selbst, daß es hier, unter dem Gesichtswinkel dieser Recherche, weder möglich noch nötig ist, alles, was diskutiert worden ist (samt einschlägiger Literaturhinweise), zur Sprache zu bringen.

105   C.H. CORNILL, a. a. O. 9.

106   Exemplarisch etwa W. RUDOLPH, a. a. o. 11.

107   In dem, wie ihn etwa E. BENZ, a. a. O. 94ff umreißt. Im Grunde handelt sich's aber "um das intuitive Aufgreifen einer normalen Sinneswahrnehmung und ihre Deutung als einer besonderen, bedeutungsvollen göttlichen Weisung ..." A. a. O. 96.

108   P.K.D. NEUMANN, a. a. O. 183.

Nachgerade möchte man sagen: die kompositorische Aufzäumung durch repetiert eingesetzte "Wortereignisformel" ist der Art und Weise, in der es, von normalen Bildimpressionen ausgehend, in dialogischen Prozessen zum Erleben von Gotteswort kam, so angemessen, daß es schwerfällt, sich vorzustellen, in ursprünglicherer Jeremiaerzählung sei - weniger adäquat - zunächst von V i s i o n s ereignissen in der Wortwahl von Am 7,7 und 8,1 die Rede gewesen. Nein, wenn hier "mit ältesten Erinnerungen Jeremias"[109] zu rechnen ist, dann wahrscheinlich nicht mit solchen, die inadäquater als hernach zunächst von Visionserlebnissen zeugten.

So ist auch kaum anzunehmen, der Kompositor habe den Anfang seiner Erzählungen[110] gegenüber j e r e m i a n i s c h e n Vorlagen verkürzt und umgestaltet. Vielmehr wird die Annahme plausibler, er habe sein Vorbild sonstwo gehabt. Wo aber denn sonst als in jenen Amosvisionserzählungen? Andere Vorgaben sind im Alten Testament ja nicht bezeugt. In ihrer Schriftlichkeit erklären sie bestens, wie ihnen einer von einem bestimmten Punkt an gefolgt ist und, was davorsteht, messerscharf abgetrennt und durch anderes ersetzt und eingeleitet hat. Die Intensität dieses Anschlusses und dieser Nachgestaltung und andererseits die am Erzählungsanfang vollzogene Weiterentwicklung[111], - beide Sachverhalte im Miteinander lassen kaum ein anderes Fazit ziehen, als daß hier a b h ä n g i g von jenen beiden Amosvisionserzählungen weitergestaltet worden ist.

Freilich läßt sich die Frage nicht unterdrücken, wieviel denn nun nachgerade von Jeremias Erinnerungen bestimmt sein könnte, wieviel hingegen von späterer, nachjeremianischer Gestaltung. Der Anteil der letzten ist sicher nicht bloß marginal; sie affiziert auch durchaus Substanz. So stellt sich vor allem im ersten Teil des Erzählungspaares die Frage, ob nicht auch am Ende die Pointe, Jahwe achte auf

---

109 S. HERRMANN, a. a. O. 74.

110 1,11-12.13-14.

111 Auch J.M. BERRIDGE handelt von ihr (so freilich, daß er sie dem historischen Jeremia zuschreibt, was nach P.K.D. NEUMANNs Untersuchung jener Wortereignisformel u. a. Überlegungen nicht akzeptabel erscheint), Prophet, People, and the Word of Yahweh, BST 4, 1970, 67. Beachtenswert nicht zuletzt, daß auch BERRIDGE die Weiterentwicklung geschehen sein läßt, "in order to frame two non-visionary experiences", ebd.

sein Wort, es auszuführen, 1,12, kompositorisch bedingt sein könnte. Es ist zu Recht ins Bewußtsein erhoben worden[112], wie vieldeutig und allgemein hier von Jahwes Wort die Rede ist. In der jetzigen Kontextstellung wird Rückbezug genommen auf die Worte[113], die im Zug initialer Beauftragung in des Propheten Mund gelegt werden, 1,9. Es wird wohl aber zugleich auf das nachfolgende Jahwewort abgehoben, das Unheil von Norden her androht, 1,14. Last but not least wird im Eröffnungs-kapitel, in der Ouvertüre zum ganzen Jeremiabuch[114], alles mit ins Auge gefaßt, was im Folgenden als Jahwewort bezeugt ist. So sicher diese Beziehungsvielfalt in der Letztgestalt des Textes auch ist, so fraglich muß andererseits bleiben, was die Pointe der ersten Schauung primär gemeint haben sollte. Am plausibelsten wäre sie noch, wenn sie nach langanhaltender Spannung zwischen prophetischem Wort und seiner Realisierung vertrauensvolles Ausharren und Durchhalten intendiert haben würde (Jahwe ist einer, der über die Erfüllung seines Wortes wacht!). Indes, so ver-standen paßt die Pointe[115] bestimmt nicht an den Anfang des prophetischen Wir-kens des historischen Jeremia. Ist aber der Jahwe-דבר von 1,12 erst in der späteren Zeit ergangen, wie konnte es dann ein Kompositor für vertretbar halten, so erheb-lich umzurangieren[116]? Muß nicht der Eindruck entstehen, jene Pointe der ersten Schau fange dann recht schwierig zu werden an, wenn man ihr primäre Bedeutung und ursprünglichen Ort im Wirken Jeremias zu entnehmen versucht? Zeichnet es sich nicht ab, daß die Pointe kompositorisch, im jetzigen Kontext und vor dem Komplex des Jeremiabuchs, leichter verständlich ist als in primärerer Einordnung? Wenn dem aber so ist, sollte dies dann nicht daran liegen, daß die Pointe des Gottesworts in 1,12, so wie sie jetzt bezeugt ist, jeremianisch noch nicht existierte, vielmehr erst nachträglich - kompositorisch - zu Stand und Wesen kam[117]?

---

112   Zuletzt besonders von R.P. CARROLL, Jeremiah, OTL, 1986, 103.

113   Zur Textkritik S. HERRMANN, a. a. O. 40.

114   Auch dazu S. HERRMANN, a. a. O. 51.

115   Wenn man den wenig überzeugenden Ausweg, welchen BERRIDGE (a. a. O. 67ff) zu eröffnen versucht, nicht geht (von prophetischen Vorgängern verkün-dete Worte!).

116   BERRIDGE, a. a. O. 68.

117   Beachtenswert etwa auch E.W. NICHOLSON, Preaching to the Exiles. A Study of the Prose Tradition in the Book of Jeremiah, 1970, 114 und B.O. LONG,

Die Frage mag dahingestellt bleiben. Sie wurde auch nur gestellt, um die Möglichkeit anzuzeigen, daß bei jenen beiden zum Paar verbundenen Erzählungen eher mehr als weniger nachjeremianisch ist; nicht unbedingt alles; es sei nach wie vor nicht ausgeschlossen, daß Reminiszenzen von Jeremia her mit im Spiel gewesen sind.

Wie immer auch in dieser Frage weiterzukommen sein wird, soviel ist erst einmal festzuhalten: Nicht wenig erlaubt es, der Meinung zu sein, daß das Paar Erzählungen in Jer 1,11-14 im Blick auf Am 7,7-8 und 8,1-2 entwickelt worden ist. Schwerlich von Jeremia selbst. Eher redaktionell nach ihm. Wenigstens zum Teil von dem, der den Eingangskomplex komponiert hat.

Reports of Visions among the Prophets, in: JBL 95, 1976, (353-365)358f.

X

Jer 24

A

Aufweis des Berührungspunkts

Last but not least der Berührungspunkt, der am öftesten registriert und am meisten im Bewußtsein ist: der zwischen der Erzählung von der Schau der beiden Feigenkörbe[118], Jer 24, und - abermals - dem dritten und vierten Amosvisionsbericht; dem vierten mehr noch als dem dritten.

Von vornherein ist klarzustellen, daß sich dieser Jeremiabuchtext zugleich noch mit anderem berührt: ohne vollständig aufzählen zu wollen, mit den Trauminhalten von Gen 41[119], Gedanken in Jer 44[120] und in Ez 11[121], nicht zuletzt aber eben auch mit dem vorhin verhandelten Abschnitt, Jer 1,11-14[122]. Gerade im Blick auf letzteren Text ist zu sagen, daß Berührung auch mit diesem eine Rolle zu spielen vermöchte. Was sich mit Amosvisionsberichten berührt, könnte - einfacher, näherliegend - von jenem Textpaar in Jer 1 hereinvermittelt sein. Wäre so doch zugleich

---

118 Zu diesem sprachlichen Verständnis der Bericht von W. McKANE, a. a. O. 605.

119 S. NIDITCH, The symbolic vision in Biblical tradition, HSM 30, (1980.)1983, 67ff.

120 K.-F. POHLMANN, Studien zum Jeremiabuch, FRLANT 118, 1978, 29ff. Siehe auch Ziffer XIII 4!

121 Einzelaufweis bereits bei C.H. CORNILL, a. a. O. 277f.

122 Ziffer VIII und IX!

erklärt, daß jene "Wortereignisformel", die im Jeremiabucheingang gehäuft vorkommt, mit ins 24. Kapitel gelangt ist[123]. Auf die Frage ist später zurückzukom-
men[124]. Sie wurde hier nur berührt, um klarzulegen, worauf es bei der
Umschreibung dieses Berührungspunktes ankommt: Beachtenswert ist, daß n i c h t
b l o ß   die Sequenz[125] von Vergewisserungsfrage samt Einleitung ("Da sprach
Jahwe zu mir: 'Was siehst du?'" + namentliche Anrede), von Prophetenantwort nebst
entsprechender Introduktion ("Da sprach ich:" ואמר)   und abschließendem Gottesspruch sowohl in Jer 24,3ff als auch in Am 7,8 und 8,2 verlautet, hier und dort
gleichermaßen im "autobiographischen" Ich-Stil und streckenweise in derselben
Wortwahl. Vielmehr kommt   a u c h   der Anfangsteil jener charakteristischen
Folge vor[126]: Vorab "Announcement of Vision", im gegebenen Fall hier und dort mit
dem Hinweis darauf, daß Gott die Schauung gewährt ("So[127] ließ mich Jahwe
schauen"), dann "Transition" והנה (betont hinweisendes "Sieh!") sowie die Umschreibung der Bildimpression ("Zwei Körbe mit Feigen" usf.). Bemerkenswert ist: hier, in
Jer 24, ist die Abfolge so komplett wie die in Am 7,7-8 und 8,1-2; ja, signifikanter
noch - sie ist kompletter als die in Jer 1,11-14! Mag also das Kapitel 24, eben weil
es die "Wortereignisformel" aufweist, auch mit Jer 1 zu tun haben, so ist doch
kaum anzuzweifeln, daß es sich, mit seiner kompletten Sequenz, mindestens ebenso
sehr mit der dritten und vierten Amosvisionserzählung berührt. Ja, es kommt der
Clou hinzu, daß das wahrgenommene Bildmotiv - Korb mit geernteten Früchten -
Jer 24 insonderheit mit dem Bericht von der vierten Amosvision verbindet. So ist's
allerlei, was zusammengenommen erlaubt, von einem Berührungspunkt zu sprechen.

---

123   Vgl. 24,4 mit 1,4.11.13 (nebenbeigesagt auch mit 2,1)!

124   Siehe unter Ziffer XI!

125   B.O. LONG, a. a. O. 357.

126   B.O. LONG, a. a. O. 355ff.

127   Vielleicht ist tatsächlich, wie einst schon B. DUHM gemeint hat (a. a. O.
197), כה (als durch Haplographie ausgefallen) zu ergänzen.

XI

Jer 24

B

Beurteilung des Berührungspunkts

Freilich sticht auch ins Auge, was Jer 24 von dem u n t e r s c h e i d e t , was im Amosbuch parallel läuft. - Sieht man, um die Differenzen anzuvisieren, die verglichenen Texte im Zusammenhang der alttestamentlichen Erzählungen "symbolischer Visionen", so kommt sehr schnell zutage, daß der Jeremiabuchtext e n t - w i c k e l t e r ist als seine Parallelen im Amosbuch[128]. Letztere sind wesentlich einfacher: in der Art etwa des symbolischen Bildeindrucks, der, homogen in sich selbst, nur e i n e s symbolisiert. Jer 24 hingegen bezeugt eine Bildimpression, bei der das betreffende Motiv sich kontrastierend "entzweit" ("... zwei Körbe mit Feigen ... im einen Korb sehr gute Feigen ..., im anderen Korb sehr schlechte Feigen, ja, ungenießbar schlechte ..." v.1-2[129]. Die Neuentwicklung hat eine entsprechend neue Art prophetischer Zukunftsansage zur Folge: Hier wird nicht mehr nur in e i n e r Stoßrichtung Unheil angekündigt, wie dies in den Amosvisionen der Fall ist. Hier wird vielmehr - dem splitting beim wahrgenommenen Bild gemäß - z w e i e r l e i prophezeit: Unheil für die einen, Heil für die anderen, was Teilung und Scheidung beim Gottesvolk voraussetzt und eine Entwicklung einleitet, welche, bezeichnenderweise, zu Vorstellungen der Apokalyptik führt. Dies braucht hier nicht weiterverfolgt zu werden[130]. Auch so schon deutet sich an, daß Jer 24,

---

128 Zum Folgenden S. NIDITCH, The symbolic vision in Biblical tradition, HSM 30, 1983, insbesondere 53ff.243ff.

129 Die Konstrastierung wird in Beantwortung der Vergewisserungsfrage einbleuend repetiert, v.3.

130 Ergänzendes bei S. NIDITCH, a. a. O. 68.243f.

in diesem Entwicklungszusammenhang gesehen, eine Übergangserscheinung darstellt und fortgeschrittenerer Zeit entstammt. - Dies zeigt sich überdies in einer weiteren Dimension des Textes: Darin, daß das wahrgenommene Symbol es weniger als die Bilder der Amosvisionen erlaubt, aus ihm selbst heraus eine Brücke zu seiner Interpretation zu schlagen, sei es klanglich-akkustisch, durch Wortspiel etwa, sei es auf andere Weise[131]. Es verdient beachtet zu werden, um wieviel lockerer, freier - dementsprechend auch weniger absehbar - Jer 24 eine Deutung dem Erschauten beigibt, als dies bei den Amosvisionen der Fall ist. Andererseits muß gesehen werden, daß im selben Maß, in dem hier die Ableitbarkeit aus dem wahrgenommenen Symbol heraus kleiner geworden, die Abhängigkeit davon verstärkt ist, daß Jahwe höchstselbst das mysteriöser gewordene Bild - inspirierend - interpretiert. Nicht zu verkennen ist, daß die Entwicklung hier in die Nähe der Sachlage geführt hat, wie sie in Sacharjas Nachtgesichten besteht[132]. - So ist, zusammengefaßt gesagt, der Entwicklungsabstand zwischen der Visionserzählung von den Feigenkörben und jenem vierten Amosvisionsbericht klar. Selbstredend zugleich auch dies, daß der erstgenannte der beiden Texte s p ä t e r   als der zweitgenannte entstanden sein muß. Nicht unerheblich später.

Allerdings ist ebenso klar, daß diese relative Altersbestimmung, die aus der innersten Substanz der verglichenen Texte[133] gewonnen ist, kaum dazu angetan ist, die Frage abzuklären, ob die Erzählung von der Schau der Feigenkörbe jeremianisch oder erst nachjeremianisch zustande gekommen ist. Zwar mag es sein, daß besagte Nähe zur Art der Visionen Sacharjas an die letztere Möglichkeit mehr als an die erstere denken läßt. Aber, es ist doch so, daß es weiterer Anhaltspunkte bedarf, um jene Frage seriös zu beantworten.

---

131   Zum besseren Verständnis S. NIDITCH, a. a. O. 68ff.72; andererseits noch einmal F. HORST, a. a. O. 201.

132   S. NIDITCH, a. a. O. 70; Chr. JEREMIAS, Die Nachtgesichte des Sacharja, FRLANT 117, 1977, 66.

133   Unabhängig von dem, was hinzugesetzt worden sein könnte. Dazu vorläufig S. NIDITCH, a. a. O. 53ff.59ff.

Nun könnte die "Wortereignisformel", Jer 24,4, von der schon die Rede gewesen ist, zusätzlichen Anhalt gewähren. Vor allem dann, wenn sie nicht isoliert verrechnet wird. Denn sie könnte, für sich genommen, ja redaktioneller Zusatz sein. Immerhin, verglichen mit der Amosvisionserzählung, ist sie ein Plus, ein Überschuß. Indessen, warum sollte sie, wenn sie nicht von Anbeginn an dazugehört haben würde, nachträglich eingefügt worden sein? Intention und Sinn eines solchen redaktionellen Eingriffs leuchten schwerlich ein. Was die "Wortereignisformel" in 1 zum Einsatz gelangen ließ, kann bei 24 kaum im Spiel gewesen sein: Die Funktion der Formel nämlich, kompositorisch aufzuzäumen[134], kommt in 24 nicht in Betracht. Aber auch die andere Seite an ihr, die Funktion, den weggelassenen ersten Teil der "Sequenz" dieser Art Visionserzählung zu ersetzen, kann keine Rolle gespielt haben. Denn anders als in 1 ist in 24 jener erste Teil ja gerade nicht amputiert, sondern vollständig reproduziert. Also gab es hier den Bedarf gar nicht, zu supplementieren und den Eingang der Erzählung neu zu organisieren. Ergo bleibt nicht viel Raum für die Annahme, die Formel sei eingefügt worden. Wäre sie nicht schon primär vorhanden gewesen, worin hätte der Bedarf für ihre nachträgliche Hinzufügung bestanden? Darin etwa, den Akzent zu setzen, das entscheidende Gotteswort habe sich dialogisch ereignet[135]? Selbst wenn dies die Verwendung der Formel begründet haben sollte, wie ließe sich's dann wohl ausschließen, daß sie zum Behufe solcher Akzentuierung von Anfang an mit dabei war? Ist nicht die plausibelste Erklärung immer noch darin zu sehen, daß 24 eben zugleich an 1 orientiert ist? Unter dem Einfluß des Eingangskapitels[136] kommt das formelhafte "Da erging Jahwes Wort an mich folgendermaßen" ab ovo mit in den Text herein. (Wie umgekehrt auch zu sagen ist: Unter dem Einfluß der Vorlage des vierten Amosvisionsberichts ist's, mit hoher Wahrscheinlichkeit, trotz der Suggestion des verkürzt eingeleiteten Textes Jer 1,11ff, zur Wiederherstellung des alten, ursprünglichen Eingangs der Visionserzählung gekommen. Zusammengefaßt gesagt: Allein weil b e i d e s Vorlage gewesen und zusammengeschaut worden ist, zum einen Jer 1,11ff mit seinem Kurzanfang durch die Wortereignisformel, zum andern Am 8,1f mit seinem originalkompletten Eingang, ist's zur Langversion Jer 24 gekommen, die pleonastisch, wie es epigonalen Gestaltungen eigen sein kann, alles hier Mögliche in Additionslage ar-

---

134 In Jer 1,4.11.13 (und 2,1, freilich nicht in LXX).

135 P.K.D. NEUMANN, a. a. O. 179.183.

136 Der dortigen Verse 1,11.13.

rangiert. Was, weil die Konturen des Ganzen ohnehin schon gedehnt, wenn nicht gar in Auflösung waren, ohne weiteres möglich gewesen ist.) Nachgerade steht fest, daß die Wortereignisformel in 24,4 integral zum Primärtext gehört hat und insofern auch tauglich ist, als Anhalt für eine zeitliche Ansetzung von 24 zu dienen. - Orientiert man sich, zunächst und vorläufig, an der Formel an sich, so besteht bereits Grund zu der Annahme, daß sie "nicht aus der Feder Jeremias stammt, sondern eine von der Redaktion bevorzugte Wendung ist"[137]. Stellt man ferner in Rechnung, daß sie in 1,4ff Teil einer Komposition ist, welche vor allem auch mit dem Motiv eines "Propheten für die Völker", 1,5.10, Erfahrungen der Exilszeit voraussetzt[138], so kann 24 als Text, welcher 1 zur Vorlage gehabt hat, nicht älter als diese Ära sein.

Von einem weiteren Anhaltspunkt her ist ähnlich zu argumentieren: Von den verheißenden Worten Jahwes her, die in 24,6 den mit den sehr guten Feigen gemeinten Exulanten um Jechonja gelten, sie nämlich, heimgeholt, aufzubauen statt einzureißen, einzupflanzen statt auszureißen. Zwar gibt es, was die Häufung solcherlei Verben angeht, im Jeremiabuch mancherlei Gegenstücke[139]. So wie die Dinge liegen, ist's aber kaum zweifelhaft, daß hier, in 24,6, wie im Fall jener Wortereignisformel Rückorientierung am Eingangskapitel vorliegt, jetzt eben an 1,10. Was vorhin im Blick auf 1,4ff ausgeführt worden ist, gilt bei 1,10 erst recht; bezieht dieser Vers doch den Auftrag Jeremias, "auszureißen und einzureißen, zu vernichten und umzustürzen, zu bauen und einzupflanzen", in universaler Entschränkung auf die Völker und Königreiche, was, wie gesagt, ohne die in der Zeit des babylonischen Exils gewonnenen Erfahrungen und Einsichten unvorstellbar erscheint[140]. Ist 24,6 auf 1,10 bezogen, so spricht dies ein weiteres Mal für nachjeremianische Entstehung jener Erzählung von der Schau der beiden Feigenkörbe.

---

137   S. HERRMANN, a. a. O. 44.

138   Siehe oben Anm. 80!

139   R. BACH, Bauen und Pflanzen, in: R. Rendtorff / K. Koch (Hg.), Studien zur Theologie der alttestamentlichen Überlieferungen, FS. f. G. v. Rad, 1961, (7-32)8-9.

140   Bezeichnenderweise ist auch BACH, dem daran gelegen ist, wenigstens Teile jener verbalen Aufreihung von Jeremia kreiert sein zu lassen, bei 1,10 für eine zeitliche Ansetzung offen, welche besagte Exilszeit voraussetzt; a. a. O. 32.

Indes, 24 ist nicht bloß an 1 orientiert. Bei der Abfassung jenes Kapitels ist mehr mit im Blick gewesen: auch dies und das, wie anderwärts gezeigt[141], in den relativ spätentstandenen Partien der Kapitel 37-39 und 40-44[142]. Ohne hier detaillieren zu müssen, ist - alles in allem - zu folgern, daß 24 zum Letzten gehört, was ins Jeremiabuch integriert worden ist.

Last but not least ist hinzuzubemerken (ohne daß es darauf noch ankommen würde!), daß es dem historischen Jeremia auch schwerlich zuzutrauen ist, daß er so schroff, von Gott her determinierend, auseinanderdividiert haben sollte: Heil den einen, den einst (mit Jechonja) ins babylonische Exil Verbrachten! Unheil den andern, den daheim Gebliebenen, die nach Ägypten Gegangenen eingeschlossen[143]. Wie sollte der Prophet, der (historisch wahrscheinlich)   a l l e   gescholten, dem Unheil überantwortet und weit und breit keinen gefunden hat, der es wert gewesen wäre, verschont zu werden[144], das Los letzten Endes so "zwiespältig" zugeteilt haben können? Wie sollte er, der nach 587/86 sich selbst zu denen gehalten hat, die im Lande verblieben waren[145], gerade diese, im Gegensatz zu den (Jechonja-)Exulanten, mit allen Zeichen und Worten des Entsetzens endgültig abgeschrieben haben? Nein! Es spricht wenig dafür und mehr dagegen, daß er, der historische Jeremia, sich jemals zu so parteiisch-deterministisch zweiteilender Zukunftsansage "durchgemausert" haben sollte[146]. Wer Esr 4,1ff studiert, wird das Empfinden verstehen und vielleicht auch teilen können, hier, in diesem nachexilischen Text, sei   e h e r   diese Art so schroff polarisierenden Denkens erreicht, die Jer 24 durchwaltet. Vermittelte obiger Versuch, diesen Text im Entwicklungszusammenhang der Erzählungen symbolischer Visionen zu orten, den Eindruck, in der Nähe Sacharjas angekommen zu sein, so entspricht dem jetzt die Empfindung, sich im geistigen Umfeld jenes Esratexts zu befinden.

---

141   Vor allem bei K.-F. POHLMANN, a. a. O. 22-29.144-145.

142   Dazu O. KAISER, Einleitung in das Alte Testament, 5. A. 1984, 252. Vergleichenswert S. HERRMANN, a. a. O. 55.

143   Zum Schluß von v.8 gleich mehr!

144   Siehe beispielsweise 5,1ff!

145   Jer 40,1-6!

146   Im wesentlichen mit H.G. MAY, Towards an Objective Approach to the Book

Weist eins ums andere, ja, überhaupt alles auf einen Entstehungsort n a c h den Erfahrungen des babylonischen Exils, in fortgeschritteneren Stadien der Komplexbildung hin zum Jeremiabuch und in zeitlicher Nähe zu Sacharja- und Esraerzählung, so entfällt auch jeder Grund, die Schlußbemerkung in 24,8, welche Kolonisten aus Juda-Jerusalem in Ägypten voraussetzt, als Zusatz auszuklammern[147]. Warum sollte nicht die Absetzbewegung nach Ägypten aus Furcht vor Repressalien nach der Ermordung Gedaljas (und vielleicht auch aus anderen Gründen)[148] - bei so vielem, was ansonsten für nachjeremianische Entstehung spricht - mit vorausgesetzt gewesen sein können[149]?

I n   s u m m a   ist unzweifelhaft, daß der Primärtext von 24 nachjeremianisch verfaßt worden ist; wie es scheint, nicht bloß eine kurze Weile nach Jeremia; eher schon nach- als gerade noch spätexilisch.

Im weiteren ist, der Vorsicht halber, dieselbe Eventualität zu ergründen, die, analog, bei 1,11ff bedacht worden ist: ob nicht Erinnerungen Jeremias an entsprechendes Visionserleben, Reminiszenzen, die dann tradiert worden sein müßten, An-

---

of Jeremiah: The Biographer, in: JBL 61, 1942, (139-155)148f.

147   Wie immer wieder geschehen, in jüngster Zeit noch bei S. NIDITCH, a. a. O. 61.

148   Siehe Jer 41f! Und dazu W. THIEL, Die deuteronomistische Redaktion von Jer 1-25, WMANT 41, 1973, 256f.

149   Selbstverständlich bedeutet diese Einschätzung nicht, die Erzählung habe überhaupt keine Zusätze erfahren. Das hat sie sehr wohl. Was S. NIDITCH, a. a. O. 53-63, als Zuwachs eruiert und zusammengetragen hat, ist, wie es scheint, zu einem guten Teil als sekundär anzuerkennen. Indes, dieser Sachverhalt berührt hier in der Mehrzahl der Fälle nicht. Allenfalls noch die "date-line" in v.1b ist von Belang. Und bei ihr ist die Möglichkeit, sie könnte hinzugesetzt sein, wahrscheinlich zuzugestehen. Ist sie doch, im Vergleich mit anderem auffallenderweise, von der Spitze der Erzählung weg am Ende des 1. Verses plaziert, wo sie Syntax und Zusammenhang stört. Bemerkenswert an ihr ist, daß sie - im Kontext von Gesichten - Sach 1,7; Dan 7,1 und 8,1 entspricht und offenkundig zur Spätgestaltung symbolischer Visionserzählung beiträgt. S. NIDITCH, a. a. O. 56.60f.

stoß und Kern der Überlieferungsbildung von 24 abgegeben haben könnten[150]. Allerdings, im vorliegenden Fall hat diese Eventualität keine Chance. Denn es ist hier evident, daß die Anzeichen, welche auf Spätentwicklung der Art symbolischer Visionserzählungen deuten (das Auseinandertreten des Bildmotivs zu einem Kontrast sowie seine Unergiebigkeit für eine Entfaltung der Interpretation aus ihm heraus), im allerinnersten Kern der Visionserzählung auftreten. Die Wahrscheinlichkeit strebt gegen Null, daß der historische Jeremia eine Schau dieser Art (die, nebenbei gesagt, auch in mehr als einer Hinsicht sich von den Wahrnehmungen in 1,11ff unterscheidet) gehabt haben sollte. Nein, ein Kern, ein original jeremianischer, läßt sich hier nicht herausschälen[151]. Ergo bleibt nur noch eins zu folgern: daß die   g a n z e Erzählung vom Gesicht der beiden Feigenkörbe samt assoziierter Interpretation einige Zeit nach Jeremia, eher frühnachexilisch als noch spätexilisch, erschaffen worden ist. Aus keinem anderen Movens heraus als aus dem dezidierter Parteinahme; der Parteinahme   f ü r   die babylonische Gola[152] und   g e g e n   die Bevölkerung der Heimat - und die, die sich nach Ägypten verzogen hatten -, kurzum gegen alle, die das von Gott auferlegte Exil, das nämlich im Zweistromland, nicht durchgemacht hatten.

Nach der Art der ganzen Erzählung, der, wie zu Recht bemerkt worden ist[153], "eine gewisse Künstlichkeit" anhaftet, ist, was bewegt und Schau und Erzählung hervorgebracht hat, vor allem   und wesentlich   R e f l e x i o n [154]. Was wunder, daß in ihrem Verlauf die Kenntnis mancherlei Texts, die Ansehung dieser und jener V o r l a g e   zur Wirkung gekommen ist! Da ist, wie bereits gesagt, nicht bloß auf dies und das in Jer 37-39 und 40-44 abgehoben[155], sondern auch Maß genommen an etlichem in Jer 1: an der dortigen Umschreibung der Mission des Propheten

---

150   Dergleichen scheint E.W. NICHOLSON, a. a. O. 27, vorgeschwebt zu haben.

151   Es hat Gewicht, daß auch W. THIEL, a. a. O. 258ff, - z. T. auf anderen Wegen - zum nämlichen Ergebnis gelangt ist.

152   Mit K.-F. POHLMANN, Studien zum Jeremiabuch, FRLANT 118, 1978. Siehe etwa auch R.P. CARROLL, a. a. O. 482ff! Beachtenswert nach wie vor B. DUHM, Das Buch Jeremia, KHC XI, 1901, 196(ff).

153   Namentlich von W. THIEL, a. a. O. 259.

154   So schon im 19. Jhdt. F. HITZIG, Der Prophet Jeremia, KEH, 2. A. 1866 ("... ein Erzeugniss der Reflexion ..."), und neuerdings vor allem W. THIEL, ebd.

155   Zum Einzelaufweis K.-F. POHLMANN, a. a. O. 26-31.

Jeremia, v.10, an der wiederholt und betont gebrauchten Wortereignisformel, v.4.11. 13, überhaupt an der dortigen Art, von Bildwahrnehmungen und dem, was dialogisch resultiert, zu erzählen, v.11-14. Wir sagten's schon, müssen's hier aber noch einmal ins Bewußtsein erheben: Wäre die Erzählung vom Gesicht der Feigenkörbe allein dem Vorbild der entsprechenden Erzählungen in 1,11ff nachgestaltet, so wäre vieles erklärt, vor allem auch, daß dem sich entspinnnenden Dialog in 24 die Wortereignis-formel, die sonst zu derlei Erzählungen nicht gehört, inhäriert, 24,4. Es wäre aber eben, bedenkenswerterweise, so nicht   a l l e s   erklärt: nicht das Faktum, daß 24, trotz des Anschlusses an 1, nicht die an ihrem Anfang verkürzte Gestalt der Er-zählung nachvollzieht, sondern sich der   k o m p l e t t e n   Sequenz dieser Art Erzählung befleißigt[156]. Nun sollte man nicht so tun, als sei die ganze Erzählungs-folge - einschließlich des Eingangsteils ("So hat er mich schauen lassen ..." usf.) - hinlänglich im Schwange gewesen. Sie ist im alttestamentlichen Schrifttum bloß ein e i n z i g e s   Mal bezeugt: eben und wie gesagt, im dritten und vierten Amos-visionsbericht[157]. Warum sollte der Schluß nicht zu ziehen sein, der der Reflexion entsprungene und auch ansonsten - mehr als einmal - auf Passagen alttestament-licher Literatur sich stützende Text habe sich just auch an der Vorlage Am 7,7-8 und 8,1-2 orientiert; sintemal er ein Bild konzipiert, das im Duktus der Schau jenes Korbs mit geernteten Früchten, Am 8,1-2, verbleibt? Entschieden spricht mehr dafür als dagegen, daß dieses Textpaar in Am 7 und 8, insonderheit die Erzählung von der vierten Vision, zu den Vorgaben und Anregungen zählt, die die Reflexion beeinflußt haben, welche Jer 24 zu Stand und Wesen gebracht hat[158].

---

156   Siehe Anm. 126 und 117!

157   Auch der zeitlich nachgeordnete Nachtgesichtstext Sach 5,1ff ist nicht uner-heblich anders!

158   B. DUHM ist zuzubilligen, daß er hier mit adäquater Klarheit davon gespro-chen hat, derjenige, der 24 verfaßt hat, habe die ihm vorbildliche Stelle Am 8,1ff nachgeahmt, sich von diesem Vorbild "leiten lassen", a. a. O. 197. Be-achtlich nicht minder C.H. CORNILL, a. a. O. 277.279. Im allgemeinen hat man danach, hauptsächlich im Banne formgeschichtlichen Denkens, den Zusammenhang als weniger direkt eingeschätzt. Nun hat der, der hier schreibt, für Formkritik und -geschichte viel übrig, meint allerdings, im gege-benen Falle, gezeigt zu haben, welche Gründe den direkteren Zusammenhang, nicht bloß einen durch dieselbe Form, dasselbe Schema vermittelten, anzu-nehmen verlangen.

XII

Jer 21,10a; 24,5ff; 39,16a; 44,27a

A

Aufweis der Berührungspunkte

Schließlich sei nicht übersehen, daß sich auch die Erzählung von der fünften Amos-vision, 9,1-4, mit Jeremiabuchstücken berührt. Nicht bloß mit einem, sondern, sollte alles erfaßt sein, mit vieren. Mit zweien breiter und unmittelbarer als mit den übrigen beiden. - Nirgendwo ist's der Bericht vom Geschauten, vom visionär Erleb-ten, was zur Berührung führt. Vielmehr ist es, in jedem Fall, der Text von der Audition, die mit der Vision zusammenhängt, die Wiedergabe eines Jahweworts, welches allumfassend Unheil androht, präziser gesagt, dessen Schluß, der Jahwes Grundintention ausdrückt, Am 9,4b: ושמתי עיני עליהם לרעה ולא לטובה "Ich richte mein Auge auf sie zum Unheil und nicht zum Heil".

I

Jer 24,5ff

Einer der vier Berührungspunkte - mag sein, der massivste von allen - zeichnet sich in der eben erörterten Erzählung ab: in der vom Gesicht jener beiden Feigenkörbe. Da fallen im Gottesspruch, der die Bildimpression des einen der beiden Körbe, des-jenigen mit den sehr guten Feigen, deutet (was menschlicherseits bei der Art des Symbols nicht zu leisten gewesen wäre), ein erkleckliches Stück weit just die Worte, die die Erzählung von der fünften Amosvision beschließen ושמתי עיני עליהם

לטובה "Ich richte mein Auge[159] auf sie zum Heil", Jer 24,6aα. Natürlich ist der Einwand berechtigt, der Sinn - Jahwes Grundintention - sei, verglichen mit Am 9,4b, ins Gegenteil abgewandelt. Es darf aber nicht übersehen werden, daß wir es hier nur mit   e i n e r   H ä l f t e   vom Ganzen, von der Gesamtinterpretation zu tun haben. In der Tat fällt in der   a n d e r e n   Hälfte der Deutung, die dem Bildeindruck vom Korb mit den sehr schlechten Feigen gilt, das, was wir, verglichen mit dem Amosbuchtext, vermißten: das Stichwort nämlich לרעה "zum Unheil". Annähernd umschrieben: Ich, Jahwe, mache sie, die mit den schlechten Feigen Gemeinten, "zum Unheil", Jer 24,9.

Textkritisch gesehen ist zuzugestehen, daß das Wort, wie es jetzt im Kontext steht[160], bedenklich erscheinen muß. Es ist andererseits so breit und so gut bezeugt[161], daß es längst, wahrscheinlich seit je, zum Text gehört haben muß. In der Tat hat die Annahme viel für sich, daß im Text von Jer 24, welcher durchgehend zweiheitlich ist und sowohl vom Kontrast als auch von der Symmetrie durchwaltet wird, dem prononcierten לטובה (am Ende von v.5 und 6aα), wie nicht anders zu erwarten, ein לרעה entspricht. Die Frage,   w o   dies, wenn nicht zu Beginn von v.9, ursprünglich der Fall gewesen ist, läßt sich mit Bestimmtheit nicht klären, ist aber auch eher zweit- als erstrangig. Mag sein, es war, wie immer wieder ver-

---

159 Im Folgenden besteht aller Grund, an der singularischen Vokalisierung von עיני y festzuhalten. Siehe BHS z. St.!

160 Asyndetisch sehr hart neben dem wohl als schwierig empfundenen לזעוה am Anfang von v.9. Mag sein, es ist irgendwann zu dieser Wendung gezogen worden, zu deren besserem Verständnis. Die Hypothese, das fragliche Wort sei als Variante aus anderer handschriftlicher Überlieferung hier eingeschmolzen worden, ist interessant, aber nicht die plausibelste Erklärung. Zu J.G. JANZEN, Studies in the Text of Jeremiah, HSM 6, 1973, 12/13. Zutreffend ist indes, daß לרעה an der jetzigen Stelle "clearly ... intrusive ..." ist; JANZEN, ebd.

161 Nicht bloß vom MT, sondern auch von Aquila und Symmachus, der Vulgata, dem Targum u. a.; nur nicht von LXX. Zum letzteren Umstand J. ZIEGLER, Beiträge zur Ieremias-Septuaginta, MSU 6, 1958, 87. Vergleichenswert nicht zuletzt D. BARTHELEMY, Critique textuelle de l'Ancien Testament, 2. Isaie, Jérémie, Lamentations, OBO 50/2, 1986, 651f.

mutet[162], am Ende von v.8.

Es ist eigentlich ziemlich klar: Wenn die Erzählung von der symbolischen Vision in
24, dem erreichten Entwicklungsstande gemäß[163], das Bildmotiv sowie seine Deutung splittet und zweierlei Zukunftsansage bezeugt, zum Heil dem einen, zum Unheil dem andern Teil der entsprechend zertrennten Gemeinde, dann kann, unter dieser Rahmenbedingung, das Jahwewort Am 9,4b nur   s o   entwickelt und differen-
ziert erscheinen, wie es in Jer 24,6ff, inklusive des Schlusses von v.5 und 8, der
Fall ist. Gebrochen durchs Medium neuartiger Vision und Prophezeiung kehrt die abschließende Pointe der Amoserzählung - noch immer signifikant genug wortgleich -
wieder. Bei aller Weiterentwicklung ein evidenter Berührungspunkt [164]!

---

162   Vor allem und, wie es scheint, zuerst von P. VOLZ, Der Prophet Jeremia,
      KAT X, 1922, 243f, im weiteren etwa von J. BRIGHT, a. a. O. 192,
      dezidiert von W.L. HOLLADAY, a. a. O. 655, mehr erwägungsweise von an-
      deren, nicht zuletzt auch von W. RUDOLPH in BHS z. St. sowie in HAT I 12,
      3. A. 1968, 156.

163   Dazu oben im Eingang der Ziffer XI!

164   Am Rande verdient noch Beachtung, daß auch der in Am 9,4a, also im selben
      Atemzug, ausgesprochene Gedanke, selbst die Wegführung in die Kriegsgefan-
      genschaft sei vor Jahwe kein Refugium zum Heil (zur Errettung des Lebens),
      in der gespaltenen Zukunftsansage von Jer 24 eine vielleicht nicht ganz zu-
      fällige Entsprechung erfährt. Es könnte ja sein, daß das Jahwewort 9,4b auch
      deshalb wiederaufgegriffen worden ist, um zugleich im Blick auf 9,4a zu sa-
      gen: Nein, für die in die Gefangenschaft Babyloniens Weggeführten gilt nun-
      mehr, gottgewollt, das genaue Gegenteil! Nicht unter   i h n e n   wird das
      von Jahwe entsandte Schwert wüten, sondern gerade unter den   a n d e r n
      in der zweigeteilten Gemeinde, unter denen, die   n i c h t   weggeführt
      worden sind. Wunderliche Weiterentwicklung und Differenzierung dessen, was
      Jahwe mit den Seinen im Sinn hat! Muß nicht denen, welche sich der babylo-
      nischen Gola (oder einem bestimmten Teil derselben) zuzählen, daran gelegen
      sein, daß das einschlägige Wort prophetischer Tradition, Am 9,4a, aktuali-
      sierend zurechtgerückt wird (mit der Autorität eines visionär-auditionär em-
      pfangenen Gottesspruchs)?

2

Jer 21,10a

Ein zweiter kaum minder deutlicher Anklang an Jahwes abschließende Erklärung in
Am 9,4b (ושמתי עיני עליהם לרעה ולא לטובה "Ich richte mein Auge auf sie
zum Unheil und nicht zum Heil") findet sich - gleicherweise in Schlußposition - in
Jer 21,10a, oder, anders formuliert, am Ende des Komplexes 21,1-10, oder, abermals
anders gesagt, in der die einst selbständige Einheit 21,8-10[165] abrundenden Begründungsklausel כי שמתי פני בעיר הזאת לרעה ולא לטובה "Denn ich habe mein
Antlitz wider diese Stadt gerichtet zum Unheil und nicht zum Heil ..."

Nicht von ungefähr ist, daß in einer der neuesten Kommentierungen[166] die Amos-
parallele unerwähnt bleibt, die Aufmerksamkeit stattdessen auf Ausdrucksformen im
Ezechielbuch und Heiligkeitsgesetz gelenkt wird. Tatsächlich entspricht die Wortwahl פני ("mein Antlitz") statt עיני ("mein Auge") zusammen mit der im feindlichen Sinne gebrauchten Präposition ב statt על Eigenheiten der Ausdrucksweise im
Ezechielbuch und Heiligkeitsgesetz[167] (= H). Andererseits sollte nicht übersehen
werden, daß sich keineswegs a l l e Vorlieben in Ezechiel und H in Jer 21,10
wiederfinden. Der Verf. der Jeremiabuchstelle schließt sich diktionell nicht s o
an, daß er auch נתן statt שים und die nota accusativi vor der Wendung פני mit
nachvollzogen haben würde. Der Einfluß, dem er von dieser Seite her unterlag, ist
eher partiell als total zu nennen. Vollends bleibt das Faktum, daß die
parallelisierend finale Pointe in Jer 21,10 (לרעה ולא לטובה) weder aus Ez noch
H stammen kann. Sie zwingt, konstelliert mit שים und der Umschreibung jenes

---

165 In dieser literarkritischen Einschätzung, einigermaßen überzeugt, mit P.
VOLZ, a. a. O. 215; A. WEISER, a. a. O. 177; R.P. CARROLL, a. a. O. 410;
W.L. HOLLADAY, a. a. O. 569.573 und last but not least mit W. McKANE, a.
a. O. 494. K.-F. POHLMANN meint, a. a. O. 37-39, über Divergenzen und
Nähte hinweg, "eine durchgehend konzipierte Einheit" annehmen zu können.

166 In der von W.L. HOLLADAY, a. a. O. 574.

167 Siehe einerseits Ez 14,8 und 15,7, andererseits Lev 17,10 und 20,3.5.6! Dazuhin S. MANDELKERN, Veteris Testamenti Concordantiae, II, 2. A. 1955, 958
und etwa W. ZIMMERLI, Ezechiel, BK XIII/1, 1969, 70*ff!

feindseligen Augenmerks Gottes, zur Assoziation mit dem Schluß der fünften Visionserzählung, Am 9,4b. Die Berührung mit dieser Passage ist wenigstens so wichtig und intensiv wie die mit diktionellen Eigenheiten im Ezechielbuch und Heiligkeitsgesetz.

Selbstredend kann der Umstand, daß die unheilwirkende Wendung Jahwes sich das eine Mal "wider sie", die Menschen im Nordreich, richtet, das andere Mal "wider diese Stadt", also gegen Jerusalem, keinen Zweifel am Berührungspunkt wecken. Natürlich ist hier, was oben[168] zu Jer 21,4 bemerkt worden ist, im wesentlichen zu wiederholen: Beim historischen Ort, auf den sich 21,9b (ähnlich wie 21,4) bezieht, handelt sich's, dem fortgeschritteneren Stadium der Geschichte Israels gemäß, längst nicht mehr um das Nord-, sondern nunmehr um das Südreich, ja, genauer gesagt, nur noch um dessen Rest- und Kernbestand, die Stadt Jerusalem, - um sie in der Ausweglosigkeit neubabylonischer Einkesselung. Da war gar nichts anderes mehr zu raten, als was in 21,9b zu lesen steht: nämlich, um mit dem Leben davonzukommen, sich aus der Stadt herauszubegeben und den Belagerern zu ergeben. - Eine andere Differenz (zwischen Am 9,4b und Jer 21,10a) erklärt sich dementsprechend: Ist der Schluß jener Amosvisionserzählung mit seinem perfectum consecutivum שמתי noch zukunftsbezogen, Jer 21,10 mit perfectum שמתי hingegen nicht mehr, so versteht sich das aus der fortgeschritteneren, anders gewordenen Perspektive: Der Visionär vor der Mitte des 8. Jhdts. sagt an, was Jahwe zu tun im Begriff ist: "Ich richte mein Auge auf sie ..."; Jer 21,10 spricht von dem, was jetzt schon fait accompli ist: "Ich h a b e mein Antlitz wider diese Stadt gerichtet ..." Wird der Fortgang der Geschichte eingerechnet, so läßt sich resümieren, der Berührungspunkt zwischen Am 9,4b und Jer 21,10a sei - wiewohl auch ein bißchen an Ausdrucksformen in Ez und H anklingt[169] - deutlich genug ausgeprägt und in diesem Sinn ernsthaft und echt.

---

168   Zu Beginn der Ziffer III.

169   Siehe Anm. 167!

3

Jer 39,16a

Begrenzter ist demgegenüber der dritte hier zu verzeichnende Berührungspunkt: der zwischen derselben Schlußpassage der fünften Amosvisionserzählung, der dort abschließenden Wendung לרעה ולא לטובה, 9,4bβ, und dem Heilswort an den Kuschiten Ebedmelech, Jer 39,15-18, präziser umgrenzt und umschrieben, dem Abschluß des Halbverses 39,16a. - Man kann sich natürlich fragen, ob eine Berührung, welche sich auf wenig mehr als die zitierte Phrase beschränkt, hier überhaupt berücksichtigt zu werden verdient. Daß die Frage bejaht werden muß, wird deutlich werden, wenn[170] Abhängigkeiten erwogen werden.

4

Jer 44,27a

Nicht viel anders verhält es sich schließlich mit dem vierten und letzten in Betracht zu ziehenden Berührungspunkt: Er umfaßt lediglich, nicht unerheblicherweise, ein einziges Wörtchen mehr, erstreckt sich somit auf den Passus עליהם לרעה ולא לטובה und verbindet den Schluß des fünften Amosvisionsberichtes mit Jer 44,27a, einer Unheilsandrohung, welche wider alle Judäer[171] in der Diaspora Ägyptens gerichtet ist. - Auch in diesem Fall kommt, was das Ganze nennenswert macht, erst in den folgenden Betrachtungen zur Sprache.

---

170 Im Zusammenhang des folgenden Arbeitsgangs, der Ziffer XIII.

171 Die Einschränkung durch 44,28a ist nachträglich hinzugekommen.

XIII

Jer 21,10a; 24,5ff; 39,16a; 44,27a

B

Beurteilung der Berührungspunkte

Bleibt noch der Frage nachzugehen, ob, was sich mit dem Text von der fünften Amosvision berührt, von diesem auch abhängig, Reflex von ihm ist. Der Versuch, eine Antwort zu finden, wird, was das procedere anbelangt, so angestellt, daß die eben erhobene Liste der Berührungspunkte von hinten nach vorne aufgerollt wird.

4

Jer 44,27a

So unabgeschlossen die Bemühung auch ist, Jer 44,27 samt seinem Kontext zu verstehen[172], so scheint doch deutlich zu sein, daß der genannte Vers, der textkritisch keine hier nennenswerte Probleme birgt[173], sich an vorgegebenen Jeremiabuchtexten orientiert. Es sieht so aus, als sei vor allem diejenige Erzählung anvisiert, in der (nicht erst in der erweiterten Fassung, sondern bereits ursprünglich) die Diaspora in Ägypten dem Unheil überantwortet ist: Jer 24 also, speziell 24,8ff[174]. Bezieht

---

172 Ein förderlicher Ansatz in jüngster Zeit bei K.-F. POHLMANN, a. a. O. 166ff.176ff.

173 Vgl. L. STULMAN, The other text of Jeremiah, 1986, 164.169.

174 Ziffer X und XI!

sich nicht 44,27, wenn עליהם לרעה ולא לטובה formuliert ist[175], auf den Text vom Gesicht jener beiden Feigenkörbe zurück, in dem - der "Entzweiung" des Bildmotivs und der gespaltenen Zukunft der Gemeinde entsprechend - die Elemente dieser Wendung auseinandergenommen sind, in עליהם לטובה in 24,6 zum einen und in לרעה in (24,9 oder) 24,8 zum andern? - Auch dürfte es richtig sein, daran zu denken, daß, sozusagen kontrapunktisch, 31,28 mit im Sinne ist: Gilt das Heil dort ausschließlich der Gola in Babylonien [176], so expliziert 44,27, daß es keinesfalls der Gola in Ägypten zuzukommen vermag. Dabei ist aus der Korrespondenz mit 31,28 wahrscheinlich der Gedanke erwachsen und nach 44,27 übernommen worden, daß Jahwe (über ihnen) "wacht", שקד: Wacht er über ihnen, den Exulanten in Babylonien, zukünftig so konstruktiv wie vordem destruktiv, 31,28, so wacht er über den Judäern der ägyptischen Diaspora, über a l l e n von ihnen[177], לרעה ולא לטובה. Erklärt sich nicht, daß vor diesen Worten in 44,27 שקד עליהם zu stehen gekommen ist, aus der Einwirkung des Elementes 31,28? - Auch ist nicht auszuschließen, daß die Erzählung vom Mandelbaumstab (מקל שקד) mit eingewirkt haben könnte, 1,11-12. Denn da, an hervorgehobener Stelle, im "Incipit", in der Ouvertüre des Jeremiabuchs, ist das Motiv, Jahwe sei שקד, schon einmal ausgesprochen. - Es könnte also sein, daß in 44,27 die Einflüsse m e h r e r e r Texte zusammengeflossen sind: einerseits von 31,28, andererseits von zwei Visionserzählungen, von der von den Feigenkörben und der vom Mandelbaumstab. Könnte nicht unter deren Einfluß es zum deiktisch klingenden Auftakt des Jahweworts in 44,27 gekommen sein: ... הנני שקד "Sieh! ich bin dabei, über ihnen zum Unheil und nicht zum Heil zu wachen ..."? - Auch wenn hier nicht alles gleich sicher ist, so wird's doch im großen ganzen so sein, daß unser Vers, von all den genannten Texten wahrscheinlich der späteste, die anderen, mehr oder weniger früheren als Vorlagen und Anregungen vorausgesetzt hat[178].

---

175 LXX-V verdient hier wohl kaum den Vorzug vor MT. Siehe STULMAN, a. a. O. 164.

176 Mit K.-F. POHLMANN, a. a. O. 177f. (Vgl. nicht zuletzt die dortige Anm. 607!)

177 Die Einschränkung 44,28a ist nachträglich eingefügt.

178 Nicht viel spricht dafür, daß dazuhin 21,10 und 29,11 mit im Sinne gewesen sind.

44,27 hat als terminus post quem nicht bloß die Existenz einer Judäer-Kolonie in Ägypten von nennenswerter Größe, sondern auch die Konzeption, die bereits etablierte, daß ihr, der Gola in Ägypten, wohl im Gegensatz zu der in Babylonien, eine Zukunft des Heils versagt ist[179]. Dies führt - w e n i g s t e n s   so weit wie im Falle der tendenziell nahe verwandten Erzählung in 24 [180] - in nachjeremianische Zeit. Bedeutet hier "nachjeremianisch" zugleich, daß Rückorientierung an schon existenten Jeremiabuchtexten eine maßgebliche Rolle gespielt hat, was sollte daran verwunderlich sein? - Nur, schließt dieses Fazit aus, daß z u g l e i c h   Vertrautheit mit der ebenfalls vorgegebenen fünften Amosvisionserzählung und ihrem Schluß, dem Halbvers 9,4b, mit Einfluß ausgeübt hat? Natürlich nicht! Allerdings ist unerfindlich, wie sich mehr als die M ö g l i c h k e i t   solcher Mit-Einwirkung feststellen lassen sollte.

3

Jer 39,16a

Ziemlich ähnlich gelagert ist die Sachlage beim a n d e r e n   Berührungspunkt: dem mit der noch kürzeren Wendung לרעה ולא לטובה im Heilswort an Ebedmelech, Jer 39,15-18, genauer, im dortigen Halbvers 39,16a[181]. Weil sich am Ende nicht viel, was wichtig sein würde, ergibt, genügen hier Andeutungen: Vielleicht ist der Rede wert, daß die Berührung nicht mit der Annahme abzutun ist, sie sei eben durch die Verwendung ein und derselben Formel - sowohl in 39,16 als auch in Am 9,4 - vermittelt worden[182]. Diese Annahme ist durch den Umstand blockiert, daß

---

179   Dazu nochmals K.-F. POHLMANN, a. a. O. 177f.190f.

180   Zu deren zeitlicher Ansetzung Ziffer XI!

181   16b wird von LXX nicht bezeugt (siehe J. ZIEGLER, Hg., Septuaginta ...Ieremias ..., 2. A. 1976, 414!) und hat wohl ebensowenig zu LXX-V gehört (L. STULMAN, a. a. O. 135.138). Der Überschuß im MT ist eher Erweiterung ("expansion") als dittographice eingedrungen. (Noch immer der Beachtung wert C.H. CORNILL, a. a. O. 410.)

182   Was etwa W. THIEL ausführt, a. a. O. 182, könnte auf diesen Gedanken kom-

die parallelisierend zweigliedrige Wendung לרעה ולא לטובה (im Unterschied zu
ihren beiden Bestandteilen) außer in Am 9,4 eben nur noch und exklusiv in Jeremiabuchtexten vorkommt. Und selbst in diesen so selten[183], daß der Gedanke an
literarische Zusammenhänge und Abhängigkeiten zwischen den wenigen Belegen[184]
näherliegt als der an eine im Schwange befindliche Formel. In der Tat hat sich ja
die literarische Erklärungsweise bei 44,27, mit Bezug auf 24,5ff (möglicherweise
zugleich auf Am 9,4), schon einigermaßen bewährt. Wie könnte es dann noch
wundernehmen, brächte bei 39,16 die Rückbeziehung auf 21,10 entsprechend literarisch die Lösung?

Zwei Sachverhalte empfehlen, tatsächlich so zu beziehen: Zunächst der allgemeine-
re Befund, der immer wieder registriert worden ist[185], daß das zur Ergänzung eines
vorgegebenen Darstellungszusammenhangs[186] abgefaßte Heilswort - nahezu Punkt
für Punkt - sich an ebenfalls vorgegebene Jeremiabuchstellen anlehnt. Drängt sich
die Frage nicht auf, warum sich's bei 39,16a nicht auch so verhalten sollte? Der
speziellere Befund kommt hinzu, daß der 39,16 nahe benachbarte Vers 39,18 den
denkwürdigen Ausdruck "sein Leben zur Beute haben" höchstwahrscheinlich 21,9
nachgestaltet hat. Spricht dann nicht alles dafür, daß so, wie sich 39,18 an 21,9
anlehnte, 39,16 an 21,10 Maß nahm und - in ein und demselben Akte der Anlehnung
an derselben textlichen Vorgabe - die hier interessierende Wendung לרעה ולא
לטובה aufgriff?

---

men lassen. Beachtlich immerhin die dortige Formulierung "doch vgl. Am
9,4"!

183 Recherchiert nach S. Mandelkern, a. a. O., II, 1103.

184 21,10; 39,16; 44,27 und allenfalls noch die auseinandernehmende Passage
24,5.6.8(.9).

185 Schon zu Beginn des 20. Jhdts. von B. DUHM, a. a. O. 312, in jüngster Zeit
etwa vollständiger (und doch nicht vollständig; immerhin fehlt 39,16/21,10),
von G. WANKE, Untersuchungen zur sogenannten Baruchschrift, BZAW 122,
1971, 111f.

186 Eines Erzählungszyklus, der mit 37,11f eingesetzt haben und mit 43,6 oder 7
(primär sozusagen) zum Abschluß gekommen sein könnte. Vgl. im einzelnen etwa C. RIETZSCHEL, Das Problem der Urrolle. Ein Beitrag zur Redaktions-

So gut wie sicher dies ist, so klar wird zugleich, daß hier, bei diesem Maß des Sich-anlehnens, sich nicht etwa Jeremia ausdrückt. Zudem ist der Zusammenhang, zu dessen Erweiterung und Anreicherung das Heilswort an Ebedmelech interpoliert worden ist, seinerseits erst in der Exilszeit erschaffen worden; vorsichtiger gesagt, f r ü h e s t e n s   erst in ihr[187]. So ist die Folgerung unumgänglich, daß dieses Heilswort mit seinem Rückgriff auf 21,9.10 nachjeremianisch entstanden ist. Ein Beiträger, ein Ergänzer danach, hat mit anderen Jeremiabuchelementen zusammen[188] jene Wendung "zum Unheil und nicht zum Heil" rezipiert. - Kein Rückbezug also auf Am 9,4b? Im Sinne eines   d i r e k t e n   Bezuges wohl nicht! Sollte sich allerdings im weiteren ergeben, daß Jer 21,10 sich seinerseits am Schluß der fünften Amosvisionserzählung ausgerichtet hat, so würde bei 39,16a von einem   i n d i r e k t e n   Rückbezug auf ebendiese Amosbuchstelle gesprochen werden können.

2

Jer 21,10a

Der Gedanke führt wie von selbst zum Berührungspunkt zwischen Am 9,4b und Jer 21,10 zurück. Er tangiert besagte Begründungsklausel (כי שמתי פני בעיר הזאת לרעה ולא לטובה), die am Ende des Abschnitts 21,8-10 eingebaut ist. An ihr fällt auf, daß sie nicht das Ganze begründet, nicht die Mitte der Botschaft an "dieses Volk", sondern lediglich eine Komponente: die Überzeugung nämlich, daß Jahwe "zum Unheil und nicht zum Heil" wider "diese Stadt", Jerusalem also, sich wendet. Der Gedanke ist im Verhältnis zum Zentrum der Botschaft peripher. Denn diese zielt, bemerkenswert anders ausgerichtet, nicht einseitig auf Unheil ab. Sie stellt vielmehr - alternativ - "den Weg zum Leben und den Weg zum Tod zur Wahl". Nur wer in dieser unheilgeweihten Stadt bleibt, kommt logischerweise in und

---

geschichte des Jeremiabuches, 1966, besonders 95ff.102ff; G. WANKE, a. a. O. 91ff.95ff.128ff; K.-F. POHLMANN, a. a. O. 187ff!

187 Dazu K.-F. POHLMANNs Überlegungen, a. a. O. 188f.

188 Siehe Anm. 185!

mit ihr zusammen zu Tode. Wer aber - und damit eröffnet sich ein anderer, alternativer Weg - aus ihr herausgeht (יצא), sie verläßt und sich den babylonischen Belagerern ergibt[189], "der hat sein Leben zur Beute", kommt mit dem Leben davon.

Zu fragen ist, ob die gedankliche Substanz dieser Botschaft (Wahl zwischen zwei diametral verschiedenen Wegen und zwischen diesem und jenem Geschick) dem historischen Jeremia zuzutrauen ist. Es könnte hier zuzugestehen sein, daß der Prophet tatsächlich der Kapitulation das Wort geredet hat; schlicht aus der Überzeugung heraus, daß das Geschick, von Jahwe verfügt und von den Babyloniern vollstreckt, jetzt angenommen werden müsse[190]. Eine ganz andere Frage scheint es jedoch zu sein, ob er selbst, der historische Jeremia, die ihm zuzutrauende Überzeugung auch in die paränetisch-symmetrische Form gegossen hat, die einerseits dem Zwei-Wege-Motiv der Weisheit[191], andererseits auch Elementen deuteronomischer Rede entspricht[192] ("... den Weg zum Leben und den Weg zum Tode ... wer in dieser Stadt bleibt, der stirbt ... wer herausgeht und sich ... ergibt, der bleibt am Leben ..."). Auch scheint sich die Frage zu stellen, ob hier nicht die Konzeption von zweierlei Zukunft angerissen wird, die in der Erzählung vom Gesicht der beiden Feigenkörbe, Jer 24, zum Tragen gekommen ist, ob also nicht beide Texte ins selbe fortgeschrittenere nachjeremianische Stadium gehören[193]. - Wie immer die umstrit-

---

189   Darauf läuft, was in v.9b umschrieben wird, ohne Zweifel hinaus. A. WEISER verweist (a. a. O. 180, Anm. 1) zu Recht auf den parallelen Gebrauch von יצא in 1 Sam 11,3.10 und 2 Kön 18,31; 24,12. Daß zugleich die Formulierung נפל על angewandt wird (MT scheint den Urtext widerzuspiegeln), ist vielleicht als ein Eingehen auf die polemische Wertung der Kapitulation als "Abfall zu" den Babyloniern zu erklären, als "Überlaufen zu" ihnen. Im Grunde wird wohl gemeint sein: Wer herausgeht und sich ergibt und dabei das Odium in Kauf nimmt des Abfalls zu den Belagerern.

190   Mit vielen Kommentatoren, u. a. mit A. WEISER, a. a. O. 180 und W. RUDOLPH, a. a. O. 136; nicht zuletzt auch mit K. KOCH, Die Profeten, II, UB 281, 2. A. 1988, 65f. B. DUHM hat in diesem Falle ziemlich danebengegriffen.

191   W. McKANE, a. a. O. 503.

192   Dtn 11,26 und 30,15. W. THIEL, a. a. O. 235ff.

193   Siehe Abschnitt XI! K.-F. POHLMANN vertritt, a. a. O. 38ff, entsprechende Zusammengehörigkeit.

tenen Fragen beantwortet zu werden verdienen[194], so scheint ziemlich sicher zu
sein: die Letztgestalt unseres Abschnitts 21,8-10 rührt nicht in allen Punkten von
Jeremias eigener Hand her. Zwar mag ein Wort des Propheten, im Wortlaut nicht
ohne weiteres greifbar[195], der Ausgestaltung zugrunde liegen. Sie selbst aber ist
auch Erzeugnis anderer, nichtjeremianischer Hand. Wenigstens die Trias ("durch
Schwert oder Hunger oder Seuche"), die in 21,9 eine Rolle spielt, ist im Masoretischen Text editorisch systematisiert; in Septuaginta ist - im gegebenen Fall und
oftmals auch ansonsten - noch nicht zur Trias ergänzt[196].

So hält sich's im Rahmen des Ganzen, wenn auch bei 21,10a, dem Halbvers, auf den
es hier ankommt, Indizien ausgemacht werden, die späteres, nachjeremianisches
Zutun annehmen lassen. Sie bieten sich, wie bis dato nicht recht gesehen, just in
den Elementen an, die auf die Einwirkung sprachlicher Vorlieben im Ezechielbuch
und Heiligkeitsgesetz zurückgehen[197]. Ist in 21,10a, auffallend abweichend von
Am 9,4b, so formuliert, wie in Ez 14,8 und 15,7 sowie, massierter noch, in Lev
17,10 und 20,3.5.6 (also nicht "mein Auge", sondern stets "mein Antlitz"; nicht die
Präposition ל ע, sondern immer ein feindlich gemeintes ב), so ist diese Art Formulierung dem Zeitabschnitt zuzuschreiben, in dem die betreffenden literarischen
Schichten in Ez und H zustande gekommen sind[198]. Orientiert man sich an den der
Zahl nach überwiegenden Textelementen in H, so wird schnell klar, daß diese dort -
allesamt und über jeden Zweifel erhaben - nicht der Primärschicht angehören, sondern der (naturgemäß jüngeren) Erweiterungsschicht Ph² [199]. Rührt die Grund-
schicht, wie anerkannt, aus der Zeit des Exiles her, so die Erweiterung, weil
zeitlich nachgeordnet, frühestens aus späteren Phasen dieser exilischen Ära. Das

---

194   Zu den festgefahrenen Fronten W. McKANE, a. a. O. 502ff.

195   Entgegen der Einschätzung W. THIELs, a. a. O. 236.

196   Siehe J.G. JANZEN, a. a. O. 43f und W. McKANE, a. a. O. 505f, anderer-
       seits H. WEIPPERT, a. a. O. 167ff!

197   Abschnitt XII!

198   Zur Verhältnisbestimmung nach Schichten O. KAISER, Einleitung in das Alte
       Testament, 5. A. 1984, 122.

199   Analysiert und bezeichnet im Anschluß an K. ELLIGER, Leviticus, HAT I 4,
       1966, 17f.24f.218ff.225.263ff.268ff.

Wenige, was andererseits Analyse und Ortung bei den beiden Ezechielbuchstellen ergeben[200], ist nicht dazu angetan, diese zeitliche Eingrenzung auszudehnen. So dürfte die Folgerung zu ziehen erlaubt sein, daß auch die Begründungsklausel Jer 21,10a in der Zeit formuliert worden ist, in der jenes formelhafte "ich wende mein Antlitz wider" (ausgedrückt mit פני und ב und bezogen auf Jahwes Ich) im Schwange gewesen ist; wenn's hochkommt also in späteren Stadien der Ära des babylonischen Exils. Die Annahme hat Hand und Fuß, daß die Fassung von 21,8-10, die die Begründungsklausel einschließt, erst nachjeremianisch verfaßt worden ist. Mag die Kernsubstanz, der Aufruf zur Kapitulation, vom historischen Jeremia herrühren, so ist jedenfalls die Letztgestalt, in der Gottes Ich in Ph^2-verwandter Wortwahl dräut, erst später zustande gekommen.

Freilich versteht sich von selbst, daß besagte Begründungsklausel nicht ganz, in allen Bestandteilen, aus jener Stereotype in Ph^2 abgeleitet werden kann. Es liegt vielmehr auf der Hand, daß daneben noch eine zweite traditionelle Vorgabe im Spiele gewesen sein muß: Was anderes als jenes Wort, das, gleichfalls im Ich-Stil, Jahwes Wendung "zum Unheil und nicht zum Heil" (unter Verwendung der Verbalform שמתי) ausdrückt? Die Frage bleibt, w o   d i e s e   Vorgabe, wenn überhaupt, dingfest zu machen ist. Orientiert man sich im Rahmen des im Alten Testament erhalten gebliebenen Schrifttums, so ist festzustellen, daß die Vorgabe (oder Teile von ihr) sich nur an ganz wenigen Stellen der prophetischen Literatur widerspiegelt: einerseits in den Texten, die soeben untersucht worden sind[201], in Jer 24,6ff sowie, bruchstückhaft, in 39,16a und 44,27a; andererseits in Am 9,4b. - Nun bedarf es kaum eingehender Darlegung, daß die genannten Jeremiabuchstellen als Vorgabe und Vorbild allesamt nicht in Betracht kommen können: 39,16a und 44,27a sind ihrerseits sichtlich Nachklang (der erstgenannte Passus von 21,10a). Zudem sind beide zu fragmentarisch, zu sehr auf einen Teil reduziert, als daß sie Vorbild und Anregung gewesen sein könnten. Was den dritten Beleg, 24,6ff, angeht, so ist er so-

---

200   Vgl. W. ZIMMERLI, Ezechiel, BK XIII/1, 1969, 308; G. FOHRER, Ezechiel, HAT I 13, 1955, 83; last but not least M. GREENBERG, Ezekiel 1-20, AncB 22, 1983, 250 (zum interessierenden Passus in 14,8: "Adapted from a repeated formula of punishment in the priestly laws ...").

201   In den Ziffern XII und XIII.

wohl zu spät[202] als auch zu disparat, zu zerteilt[203], als daß er als Vorbild fungiert haben könnte. Ergo bleibt nur noch Am 9,4b. Und es ist ohne Frage so, daß just dieser Text so beschaffen ist, daß er sich als Vorbild und Vorgabe denken läßt: Er ist alt genug und umfaßt, was konstitutiv ist, so zusammenhängend wie nötig. Was könnte dann noch die Schlußfolgerung hindern, er habe tatsächlich als Vorbild gewirkt? Eigentlich nur die Unterstellung, Am 9,4b spiegle seinerseits eine gängige Stereotype wider. Indes, wie sollte sie den Vorzug verdienen, wenn nicht eine einzige Parallele aus entsprechend früher Zeit stereotype Verwendung belegt? Wer nicht spekulativ befinden will, muß der Vorstellung den Vorzug geben, jene faktisch vorfindliche solitäre und alte Passage, die die Erzählung von der fünften Amosvision abschließt und als Teil von ihr ohne Zweifel Aplomb gehabt hat, habe ihrerseits nachgewirkt und Aktualisierungen hervorgerufen. Jene wenigen anderen Textbelege, allesamt aus späterer Zeit, sind als Nachwirkungen, Aktualisierungen, Reflexe erklärlich: Jer 39,16a und 44,27a als solche indirekter und entsprechend partieller Art, Jer 21,10a hingegen - das Textstück, um das es hier eigentlich geht - als Reflex, kurz gesagt, direkterer Art[204].

Gleichwohl, Reflex heißt hier nicht: genaueste Widerspiegelung. In der aktualisierenden Neuanwendung im Abschnitt 21,8-10 kommt vielmehr - so ungeniert frei und selbstverständlich, wie das Leben sich weiterentwickelt - Einfluß gegenwärtiger Diktion zur Wirkung, der aus dem Milieu der Schicht Ph^2.

---

202 Den Eindrücken zufolge, die sich oben in Ziffer XI ergaben.

203 Ein Teil im Halbvers 6a, der Rest, der ganz unentbehrliche, erst in v.8 (oder 9).

204 Zu letzterem vgl. W. THIEL, a. a. O. 236; H. WEIPPERT, a. a. O. 207 und J.M. BERRIDGE, Jeremia und die Prophetie des Amos, in: ThZ 35, 1979, 328.

I

Jer 24,5ff

Bleibt noch in Erinnerung zu rufen, daß auch die Erzählung von der Vision der beiden Feigenkörbe, Jer 24, die sich gleichfalls mit Am 9,4b berührt, erst nachjeremianisch zustandegekommen ist: in der Spätzeit des babylonischen Exils, vielleicht gar erst frühnachexilisch[205]. - Zugleich ist ins Bewußtsein zu erheben, daß sie sich nicht bloß mit dem Schluß des Textes von der   f ü n f t e n   Amosvision berührt[206], sondern, wie gezeigt[207], auch mit dem   d r i t t e n   und - vor allem - dem   v i e r t e n   Amosvisionsbericht. Wer die Vielzahl der Berührungslinien zusammensieht, die vom 24. Kapitel aus parallel zurückverlaufen, nicht bloß zu Am 9,4, sondern auch zu Am 7,7-8 und 8,1-2, zur Textfolge also von der dritten bis fünften Amosvision, der kann gar keinen anderen Schluß daraus ziehen als den, daß dieser Jeremiabuchtext in Kenntnis des   K o m p l e x e s   der Amosvisionserzählungen abgefaßt worden sein muß; präziser gesagt, zumindest in Kenntnis der letzten   d r e i   dieser Texte: Jer 24 folgt nicht bloß der charakteristischen Darstellungssequenz der dritten und vierten Erzählung des Amos, hält sich nicht nur im Duktus des dortigen "autobiographischen" Stils, sondern nimmt auch das Bildmotiv der vierten Vision - variierend und entwickelnd - wieder auf und drückt sich zudem, mehr als einmal, vollkommen wortgleich aus. So ist hier unzweifelhaft, daß mehr als Berührung vorliegt: ausgesprochene Abhängigkeit. Ergo hat es Sinn und Verstand, von Reflexen dieser Visionserzählungen in Jer 24 zu sprechen[208].

---

205   Siehe oben unter Ziffer XI!

206   Wie in Ziffer XII 1 ausgeführt, in 24,6ff.

207   In Ziffer X dieser Studie.

208   Angemerkt sei, daß ein kleinerer Berührungspunkt anderer Art zwischen dem Schluß des fünften Visionsberichtes, Am 9,4a und Jer 15,9b zu bestehen scheint. Nach Lage der Dinge dürfte indessen kaum wahrscheinlich zu machen sein, daß auch bei diesem Berührungspunkt Abhängigkeit im Spiel und von Reflex zu reden ist. Somit empfiehlt es sich, ihn am Rande der Untersuchung zu lassen.

ZUSAMMENSCHAU

Bei der Betrachtung, mit der[209] die Durchsicht der in Frage kommenden Texte schloß, ist spürbar geworden, was ohnehin evident ist: Am ehesten durch die Z u - s a m m e n s c h a u   der im einzelnen erzielten Ergebnisse ist über Wahrscheinlichkeitsurteile hinaus zu größerer Gewißheit in dem zu gelangen, was der Titel der Studie thematisiert, darin, daß es   R e f l e x e   der Amosvisionen in Jeremiabuchtexten gibt,   A b h ä n g i g k e i t e n   dieser von jenen, Bestimmteres also als bloß Berührungspunkte. Dieser Einsicht gemäß ist im folgenden unter einer Reihe von Aspekten zusammenzuschauen, was en détail eruiert worden ist.

XIV

Die sich auswirkenden Am-Texte

Ins Bewußtsein ist zu erheben, daß nicht etwa alle Visionstexte in Am Nachwirkungen in Jer gehabt haben. Zwei der Visionserzählungen in Am 7ff, die ersten beiden der insgesamt fünf, spiegeln sich in Jer nirgendwo wider. Kein Zufall dürfte es sein, daß es just die sind, die Unheil ins Auge fassen, welches abzuwenden gewesen ist. Komplementär ist festzuhalten: Reflexe im Sinn dieser Studie sind ausschließlich von den letzten drei jener fünf Erzählungen von Visionen des Amos ausgelöst worden; exakt von denen also, die Unheil meinen, welches unabwendbar gewesen ist.

Detaillierter gesagt reflektieren sich die Texte von der dritten und vierten Vision, Am 7,7-8 und 8,1-2, sowohl formal als auch inhaltlich: mit dem "autobiographischen" Ich-Stil und der Sequenz der Erzählung etwa, mit Details ihrer Wortwahl und Bildeindrücken, - mit der metallenen Mauer, welche Gottes Schutz symbolisiert, mit der Kehre des Kriegsgerätes von draußen nach drinnen, welche Verheerung im Innern wirkt, und, was die vierte Vision anlangt, mit dem Korb geernteter Früchte. Der Text von der fünften Vision, Am 9,1-4, reflektiert sich mit einem Teilmoment; mit einem, das auditionär, nicht eigentlich visionär ist; mit einer Partie des abschließenden Gottesspruchs, 9,4b.

---

209   In Ziffer XIII 1.

XV

Die Auswirkungen in Jer-Texten

Was die Auswirkungen in Texten des Jeremiabuchs anbelangt, so ist zu resümieren: Die Erzählung von der d r i t t e n Vision Am 7,7f hat verschiedentlich stimuliert. Mit ihrem Motiv von der Kehre des Kriegsgeräts um 180 Grad, von Jahwes Hand vollführt, hat sie sich in Jer 21,4 ausgewirkt: in der dortigen gottgewirkten Wende von Waffen und Wehr, aus der Normalstoßrichtung nach draußen - wider den belagernden Feind -, aus der Positionierung vor der Mauer, hinein in die Mitte der ummauerten Stadt, mit dem Ziele ihrer Verheerung. Dieselbe Erzählung hat andererseits mit dem Motiv der metallenen Mauer, die Gottes Schutz anzeigt, zwiefach Reflex erzeugt: im doppeltüberlieferten Heilszuspruch Jer 1,18f und 15,20[210], in der hier konzipierten Inschutznahme, nicht mehr länger des Ganzen, sondern, im internen Konflikt parteiergreifend, nur noch des einen Teils; nicht mehr des Jahwevolkes in toto, sondern des von diesem bekämpften Propheten (sowie derer, die zu ihm stehen); in der Inschutznahme zunächst und vor allem w i d e r besagtes Volk und bloß hintergründig und letzten Endes irgendwie auch f ü r dasselbe.

Der Bericht von der v i e r t e n Vision Am 8,1f hat sich ebenfalls mehrfach ausgewirkt. Vor allem in Jer 24. Dort einerseits mit dem Motiv der in Körben geernteten Früchte. Es ist dualistisch weiterentwickelt: in der Konzeption jener beiden verschiedenwertigen Feigenkörbe, welche für verschiedene Wege des gespaltenen Gottesvolks stehen. Andererseits hat sich derselbe Bericht in Jer 24 mit der Darstellungssequenz ausgewirkt - mit der unverkürzten, kompletten! - und im Zusammenhang damit auch mehrmals mit gleicher Wortwahl. - Dieselbe Sequenz und Formulierungsgleichheit, die ja nicht nur die vierte, sondern das Paar der dritten und vierten Amosvisionserzählung bestimmen, hat überdies Nachhall in Jer 1,11-14 gefunden: in einem entsprechenden Paar gleichgestalteter Erzählungen; bemerkenswerterweise auch darin, daß Jer 1,11-12 genauso wie Am 8,2 mit der Assoziation von "Bildwort" und "Hörwort" arbeitet.

---

210 En passant ist Anm. 37 der Erinnerung wert.

Schließlich hat auch die Erzählung von der   f ü n f t e n   Amosvision, 9,1-4, nachgewirkt; mit dem Gehörten, nicht mit dem Geschauten; mit dem Finale des Gottesspruchs, 9,4b ("Ich richte mein Auge auf sie zum Unheil und nicht zum Heil"). Die fünfte Erzählung wirkt damit - im Verein mit der dritten und vierten! - vor allem in Jer 24. Dort in der gespaltenen Zukunftsansage (den Exulanten Judas "zum Heil", 24,5-6; den im Lande Gebliebenen und nach Ägypten Emigrierten "zum Un-heil", 24,8-9). Des weiteren reflektiert sich Am 9,4b in Jer 21,10a. Dort in der Begründungsklausel, die dem Gedanken Nachdruck verleiht, wer in der Stadt bleibe, auf welche Jahwe sein Antlitz "zum Unheil und nicht zum Heil" gerichtet habe, komme ums Leben; wer aus ihr herausgehe, habe sein Leben zur Beute, Jer 21,8f. Schließlich klingt Am 9,4b - partiell - in Jer 39,16a an, einem Passus des Heilsworts an Ebedmelech; wohl nicht in unmittelbarem Nachhall, eher vermittelt durch Jer 21,10a. Entsprechend indirekt - vermittelt durch die Zwischeninstanz Jer 24 - reflektiert sich das Schlußwort der fünften Amosvisionserzählung in Jer 44,27a; ein weiteres Mal nicht komplett, sondern, der Ferne des Nachhalls gemäß, reduziert-partiell.

Das Zusammengestellte komprimiert sich in folgender **tabellarischer Übersicht:**

Am 7,7-8; 8,1-2; 9,4b	⟫⟫ Jer 24
Am 7,7-8; 8,1-2	⟫⟫ Jer 1,11-14
Am 7,7-8	⟫⟫ Jer 1,18-19; 15,20; 21,4
Am 9,4b	⟫⟫ Jer 21,10a
Am 9,4b (⟫⟫ Jer 21,10a)	⟫⟫ Jer 39,16a
Am 9,4b (⟫⟫ Jer 24)	⟫⟫ Jer 44,27a

XVI

Redaktionelle Jer-Texte

Im Blick auf die Jeremiabuchtexte, die hier in Erscheinung treten, sticht eins ins Auge; vorausgesetzt, dieses hat redaktions- und kompositionskritisch sehen gelernt: Die Texte, die in der Übersicht rechts figurieren, sind alle, ganz ohne Ausnahme, irgendwie r e d a k t i o n e l l , von Bearbeitern des Jeremiakomplexes erschaffen oder in die Bearbeitung einbezogen, ihr nutzbar gemacht und integriert, oft, nicht etwa stets, in kompositorischer Absicht. Jer 1,11-14 und 1,18-19 sind Bestandteile der späteren Bucheröffnung, der Ouvertüre 1,4-19. Zwar ist, speziell im erstgenannten Segment, nicht auszuschließen, daß Reminiszenzen vom historischen Jeremia her im Spiele sein könnten. Es steht aber außer Frage, daß der Eröffnungskomplex mit Bezug auf das nachstehende große Ganze geschaffen worden und abgezielt ist[211]. Auch ist nicht anzuzweifeln, daß der Introitustext sukzessive erweitert worden ist: 1,18f, zentriert im Jeremia gegebenen Zuspruch, im Kampfe, gottermöglicht, metallene Mauer zu sein, ist nachträglich hinzugefügt und allmählich ausgebaut worden[212]. Im Zusammenhang mit dieser Erweiterung, in irgendeinem Stadium derselben, ist überdies 15,20, ein Element, das sich um denselben Zuspruch dreht, hinzugesetzt worden[213]. Wahrscheinlich haben beide Erweiterungen, die miteinander wurzelverwandt sind, noch eine ganze Weile aufeinander eingewirkt.

Andererseits stehen Jer 21,4; 21,10a und 24 in einem nicht minder interessanten Zusammenhang. Die erstgenannten Stellen sind Bestandteile des Komplexes 21,1-10; und dieser hängt tendenziell und redaktionsgeschichtlich mit 24,1-10 zusammen[214]. Beide Texte sind außerdem in den Dienst kompositorischer Gestaltung gestellt. Sie bilden miteinander den Rahmen um die beiden appendices zum ersten Großkomplex,

---

211   Im einzelnen Ziffer VII und IX!

212   Im einzelnen Ziffer VI und VII!

213   En détail Ziffer IV und V!

214   Anm. 152!

den Kapiteln 2-20, um die beigegebenen Zyklen wider judäische Könige, 21,11-23,8, und wider die Propheten, 23,9-40[215]. Auch hierbei läßt sich nicht ausschließen, daß im nachträglich rahmenden Text Momente vom historischen Jeremia her verarbeitet worden sein können, vor allem etwa im Kerne von 21,9[216]. Im Endeffekt ist der Rahmentext aber Bearbeitung zur Komposition[217]. Abgesehen davon sind bei 24 Zweifel an später Entstehung kaum möglich[218].

Jer 39,16a ist Teil eines zum Zweck der Interpolation hergestellten Heilsworts, 39,15-18, welches einerseits an vorgegebenem Jer-Text angelehnt ist, andererseits einen sicher nicht frühen Erzählungskontext[219] voraussetzt[220]. Es liegt auf der Hand, daß dieses Element sekundäre Zutat ist. - Was endlich die letzte Stelle in obiger Übersicht angeht, Jer 44,27a, so baut auch sie auf vorgegebenen Jeremiabuchtexten auf, mit einiger Wahrscheinlichkeit auf ihrerseits späten Partien wie dem Incipit-Text 1,4ff, insbesondere auf 1,11f, und auf dem zuvor schon wider die Diaspora in Ägypten gerichteten Passus 24,8ff[221]. So ist insgesamt eklatant, daß auch 44,27a von der Hand eines Redaktors herrührt.

Eingedenk der Möglichkeit, daß in redaktionellen Partien auch vom historischen Jeremia herstammende Elemente impliziert sein können, empfiehlt es sich, mit dem ausdrücklichen Resümee abzurunden, daß sich allenthalben, in allen Einzelrecherchen[222], erwiesen hat, daß sämtliche Jeremiabuchtexte, die von Amosvisionserzählungen her beeinflußt sind, im wesentlichen, in den entscheidenden Dimensionen, nichts anderes als redaktionell sind.

---

215 Im einzelnen dazu R.P. CARROLL, Jeremiah, 1986, 38.404ff.

216 En détail Ziffer XIII 2.

217 Im einzelnen Ziffer III und XIII 2.

218 Dazu die Ziffer XI.

219 Anm. 186!

220 Detaillierter Ziffer XIII 3.

221 Zur Ergänzung Ziffer XIII 4.

222 In den Ziffern III.V.VII.IX.XI.XIII.

XVII

Zum historischen Ort. I

Was den historischen Ort anlangt, an dem diese Bearbeitungen anzusetzen sind, so läßt sich feststellen, daß er nicht punktuell begrenzt, sondern von einer gewissen Ausdehnung ist. Schon allein aus folgendem Grund: Einige dieser Textelemente setzen jeweils andere derselben Gruppe voraus. Entsprechend können die ersteren erst nach den anderen entstanden sein. Jer 24 etwa, die Erzählung vom Gesicht jener Feigenkörbe, die, in sich sichtlich entwickelt, eine gespaltene Zukunft ansagt, setzt eben nicht bloß Berichte von Amosvisionen voraus, sondern überdies Jer 1,11-14, jenen Textabschnitt, der die Wortereignisformel aufweist. Diese ist von 1,11 und 1,13 (möglicherweise außerdem von 1,4) nach 24,4 gelangt. Ergo ist die Erzählung von der Schau jener Feigenkörbe, die in 24,6 auch 1,10 zur Voraussetzung hat[223], erst nach der redaktionell kompositorischen Voranstellung der Ouvertüre 1,4ff - inklusive 1,11-14 - zustande gekommen, frühestens also in den späteren Abschnitten der Zeit des babylonischen Exils. Der Nähe zu Esr 4,1ff und zu Sacharjas Visionen wegen ist Jer 24 gar eher in den Stadien danach entstanden, in der Frühzeit nach dem Exil. So zeichnet sich anfangsweise, im Nacheinander von (1,4ff) 1,11ff und 24, eine gewisse Zeitachse ab. - Damit noch nicht genug! Ein weiteres Element aus unserer Gruppe redaktioneller Jeremiabuchtexte, 44,27a, setzt seinerseits 24 voraus, genauer 24,6ff. Es baut mit seinem Votum wider die Judäer im Lande Ägypten auf die einschlägige Frontstellung, die relativ ältere, am Ende von 24,8 auf. Der Rückbezug ist umso sicherer, als er gleichzeitig Anlaß ist, den Gesichtspunkt "zum Unheil und nicht zum Heil", der mutatis mutandis die Anlage in 24 bestimmt, wiederanführen zu lassen[224]. Es versteht sich so gut wie von selbst, daß das Votum von 44,27a, schon allein seiner Nachordnung wegen, erst nachexilisch ergangen sein kann. So erscheint die sich abzeichnende Zeitachse eher noch etwas breiter. - Auch andere Stellen der Textgruppe formieren sich in Etappen: Jer 39,16a

---

223 Zu alledem Ziffer XI.

224 Ziffer XIII 4!

greift, wie sich herausschälen ließ[225], auf 21,10a zurück. Entsprechend ist der erstere Passus nach dem letztgenannten entstanden. Nichts deutet allerdings darauf hin, daß die hier sich abzeichnende Zeitachse noch breiter als die vorige sein könnte.

Wobei zu konzedieren sein wird, daß eine präzisere Verhältnisbestimmung am "unteren" zeitlichen Ende im Dunkel der nachexilischen Ära kaum zu bewerkstelligen ist. Was die "obere" Zeitgrenze angeht, so spricht der sprachliche Einfluß, der in 21,10a stattgehabt hat und mit der charakteristischen Diktion in jener Erweiterungsschicht in H - Ph^2 - zusammenhängt, für die Spätzeit des babylonischen Exils[226] als terminus a quo für die Abfassung von 21,10a.

So ergibt sich, trotz der Spärlichkeit unserer Anhaltspunkte, eine ziemlich kongruente Umgrenzung des historischen Orts jener Jer-Redaktion, die in Amosvisionserzählungen Anhalt, von ihnen her Anregungen und Anleihen hat: Die Texte dieser Art Redaktion sind frühestens in der zweiten Hälfte der Epoche des babylonischen Exils entstanden, z. T. eher frühnachexilisch; wobei es schwerfallen muß, die untere Zeitgrenze genauer zu ziehen[227].

---

225 In Ziffer XIII 3.

226 Zu alledem XIII 3!

227 Ähnlich schwer läßt sich andererseits sagen, ob 21,4, jenes Stück geschichtserzählender Art, der relativ früheste Text sein könnte, näherhin zur Mitte der Exilszeit zu datieren, früher noch als besagte kompositorische Voranstellung jener Ouvertüre 1,4ff.11ff. Schwer zu sehen ist, wie die Neigung, diese Frage zu bejahen, zu begründen sein könnte. Bleibt die Entscheidung dahingestellt, so ändert das nichts an der Umgrenzung des historischen Orts im großen und ganzen und wesentlichen.

XVIII

Zum historischen Ort. II

So sehr es geraten ist, hier nicht zuviel erkennen zu wollen, so scheint der Versuch doch zu lohnen, in gewisser Hinsicht d i f f e r e n z i e r t e r zu orten: Es verdient noch beachtet zu werden, ob und gegebenenfalls wie und wann bei den Rückgriffen auf Amosvisionen und auf die Erzählungen von ihnen Wert darauf gelegt worden ist, daß v i s i o n ä r e s Geschehen und Erleben zugrunde liegen und auf ihre Art autorisieren.

Unter diesem Aspekt ist zunächst einmal festzuhalten: Bei der M e h r z a h l der redaktionellen Reprisen bleibt u n e r w ä h n t , daß auch Visionäres im Schwange ist. So bringt 21,4 jenen Sachverhalt der Umkehrung der Stoßrichtung des Jahwekriegs[228] im Anschluß an die Impressionen der dritten Amosvision zum Ausdruck, o h n e auf Provenienz im Visionären abzuheben. Entsprechend verhält sich's bei 15,20, dem Zuspruch, der den umkämpften Propheten zur ehernen Mauer einsetzt. Auch hier nicht der mindeste Hinweis auf visionäre Offenbarungsumstände. Stattdessen die weniger spezifische Formel נאם יהוה. Beim im Kerne identischen Zuspruch 1,18f liegen die Dinge im Grunde kaum anders. Allenfalls kompositorisch, durch den Kontext, den übernächsten, könnte ein Vorzeichen ins Spiel gebracht sein, das verhalten, um nicht zu sagen "gebremst", an Visionäres denken läßt: Dadurch, daß 1,11-14 d a v o r zu lesen ist, kann der Eindruck entstehen, der in der metallenen Mauer zentrierte Zuspruch sei nach wiederholter Schau ergangen, im Zusammenhang mit und im Duktus derselben. Indessen, dieser Eindruck ist, genauer besehen, wenig fundiert. Denn bei jenem voranstehenden Abschnitt 1,11-14 sind seinerseits Zweifel am Platz, ob er wirklich Visionen meint, Visionen im eigentlichen Sinn. Er weckt zwar Gedanken an solche, indem er, quasi signalhaft, Formulierungen aus den Erzählungen von der dritten und vierten Amosvision wiederverwendet ("Was siehst du, NN? Da sagte ich: ..."). Die Art des Geschauten ist aber, für sich genommen, so wenig außergewöhnlich, daß nicht viel dafür spricht, visionäre Erfahrung sei im Spiele gewesen. Zudem wird weder in 1,11 noch in 1,13 so wie

---

228 Zum Verständnis noch einmal Anm. 21.

bei Visionen eingeleitet (mit dem Wortlaut von Am 7,1.4.7 sowie 8,1: "So ließ der Herr Jahwe mich schauen"). Worauf Wert gelegt ist, verrät die stattdessen - wohlüberlegt und konsequent - substituierte Wortereignisformel: Sie hat gewiß Gedanken ans Visionäre hinter die ans Ereignis des Jahwewortes zurückgedrängt. So besteht weder bei 1,11-14 noch bei 1,18-19 Grund, von Hervorkehrung des Visionären zu sprechen. - Was endlich die Jeremiabuchtexte angeht, die den Schluß jenes Gottesspruches in der fünften Amosvisionserzählung wiederverwenden (die Worte "ich richte mein Auge auf - oder wider - sie zum Unheil und nicht zum Heil", Am 9,4b), so fehlt auch bei ihnen m e h r h e i t l i c h , genauer, in drei von vier Fällen, alles, was Ursprung und Verwurzelung im Visionären zu umschreiben bestimmt gewesen sein könnte. Die Formeln etwa, die im jeweiligen Kontext unserer Jeremiabuchstellen - 21,10a;39,16a;44,27a - Jahweoffenbarung bezeugen, die Botenformel zum einen, die Stereotype יהוה נאם zum anderen[229], sind nicht dem Visionären vorbehalten. So ist es evident, daß auch hier nirgends hochgespielt ist, Visionäres sei die Fundierung.

Nachgerade ist es, komplementär gesagt, nur ein einziges Stück aus der Gruppe jener redaktionellen Jeremiabuchtexte, dem es angelegen ist, daß Jahwe auch hic et nunc hat visionär schauen lassen: Es ist die Erzählung vom Gesicht jener beiden Feigenkörbe, Jer 24. Zwar fließt bei ihr - wie eruiert, von Kapitel 1 her[230] - jene Wortereignisformel mit ein[231]. Aber, sie verwendet trotzdem und zugleich, additiv, die charakteristische Einleitung von Am 7,1.4.7 und 8,1: "So[232] ließ Jahwe mich schauen. Sieh!" Es steht wohl außer Frage, daß es hier darum zu tun ist, das Erzählte und Angekündigte im besonderen Medium einer Vision einzuführen und auszuweisen.

Kommt man, nachdem dieses abgeklärt ist, auf die Aufgabe historischer Ortung zurück, so ist zu präzisieren, daß mehr v o r ü b e r g e h e n d als länger anhaltend oder gar durchweg Wert darauf gelegt worden ist, auch expressis verbis visionär herzuleiten. Die pathetische Ausdrücklichkeit ist auf die kurze Spanne der zu Ende gehenden Zeit des babylonischen Exils begrenzt; eher noch auf die Anfangs-

---

229 Jer 21,8-10; 39,15-18; 44,25.26.29!

230 Siehe die Ziffer XI!

231 Siehe 24,4!

232 Siehe Anm. 127!

stadien der nachexilischen Epoche[233]. - Überzeugend fügt sich dem an und ein, daß der einzige Text, der ansonsten noch Assoziationen mit Visionärem erweckt haben könnte (durch Nachgestaltung des Dialogs in der dritten und vierten Amosvisionserzählung), der freilich zugleich auch wieder mit der Wortereignisformel gegengesteuert hat, Jer 1,11-14 nämlich, zeitlich nahe benachbart ist. Er ist, in der überkommenen Fassung, ebenfalls und am ehesten in der ausgehenden Exilszeit anzusetzen. Hier scheint sich die Neigung verstärkt zu haben, - auch expressis verbis - aufs Medium des Visionären zu setzen. Frühnachexilisch, in zeitlicher Nähe zu Sacharjas Nachtgesichten, hat die Neigung vollends durchgeschlagen. Jene redaktionellen Jeremiabuchstücke, die früher sein könnten - wie 21,4 [234] -, lassen besagte Tendenz noch nicht erkennen. Auf der anderen Seite der Zeitachse könnte sich's entsprechend verhalten: Die redaktionellen Textelemente, die als späteste hinzugekommen sein dürften, 39,16 und 44,27 etwa, scheinen dokumentieren zu können, daß jene Neigung, visionär zu verankern, schon bald auch wieder geschwunden ist. - Zwar ist der Textkreis, der zur Erhebung jener Bewegung zur Verfügung steht, eng und vielleicht auch von Zufälligkeit nicht frei. Gleichwohl aber zeigt sich der Entwicklungsausschnitt in beachtenswerter Geschlossenheit[235].

---

233 Zum Zeitansatz von Jer 24 siehe oben Ziffer XI!

234 Siehe Anm. 227!

235 Mit Bedacht ist von "-ausschnitt" die Rede. Denn keineswegs ist verkannt, daß es davor und danach viel mehr Auf und Ab in der Wertschätzung des Visionären gegeben zu haben scheint; in Richtung Ezechiel einerseits, in Richtung Danielvisionen und Apokalyptik andererseits. Erfaßt ist hier nur der Ausschnitt, der von den redaktionellen Jeremiabuchstücken, die hier zur Erörterung anstehen, markiert wird.

XIX

Zur bewegenden Intention

Mit Bezug auf den historischen Ort, der bis dato mehr umgrenzt als beschrieben worden ist, sind die Intentionen, aus denen heraus die Bearbeitungstexte im Rückgriff auf Visionserzählungen des Amos geschaffen worden sind, zusammenzuschauen. - Grundlegend hierbei ist, daß dieser "Ort" von der Notwendigkeit bestimmt ist, die Diskontinuität, die infolge der Schläge und Brüche der Jahre (597.)587 v. Chr. zustande gekommen ist, zu überwinden und Kontinuität wiederherzustellen; dies auch, obschon nicht in jedem Fall, im Widerstreit konkurrierender Teile des mittlerweile zerfallenen, zersplitterten Jahwevolks[236]. Je breiter und tiefer die Klüfte klafften zwischen dem jetzt eingenommenen geschichtlichen Ort und den Glaubensüberzeugungen der Vergangenheit, desto mehr mußte es darauf ankommen, überzeugend neu anzubinden, zu deduzieren und zu interpretieren, nicht zuletzt auch zu beglaubigen, zu legitimieren und zu autorisieren; auch dieses im Widerstreit verschiedener Teile und Gruppen. Z w e i e r l e i bot sich an, um Diskontinuität in Kontinuität zu wandeln, um erstere in letzterer aufzuheben, im doppelten Sinn dieses Wortes: Da war e i n e r s e i t s Gewißheit wiederzuerlangen, daß der alte Gott sich von neuem handelnd manifestierte - in glaubenzündendem Wortereignis, in überwältigender Vision und Audition. A n d e r e r s e i t s war, so gut es in grundstürzend gewandelter Lage eben ging, zu versuchen, an nicht-diskreditierter Tradition Anhalt zu finden und festzumachen, von traditionellen Verständnissen her, welche affin erschienen, Linien interpretatorisch - zu neuen Verständnissen - auszuziehen.

Was letzteres anlangt, so kann einleuchten, daß sich, unter diesem Aspekt, kaum etwas im Schatze alter Tradition mehr anbot als Texte - gerade des Amos, beson-

---

236 Zum Verständnis verhilft - hier und im folgendem - P.R. ACKROYD, Continuity and Discontinuity: Rehabilitation and Authentication, in: D.A. KNIGHT (Hg.), Tradition and Theology in the Old Testament, 1977, 215-234.

ders seine Erzählungen von der dritten, vierten und fünften Vision. Sie darum, weil in ihnen zuerst und in bahnbrechender Weise der Umschwung, der diametrale, im Verständnis von Israels Gott vollführt und dokumentiert worden ist[237]: Da war im Verlaufe der dritten Vision des Amos die ganz und gar unvertraute, schockierende Überzeugung zum Durchbruch gekommen, daß Jahwe nun nicht mehr länger als Schutzgott f ü r sein Volk einstand, dessen Bestand und Wohlfahrt gewährleistete und zu diesem Behufe Heilige Kriege wider Feinde führte, daß er vielmehr hinfort, in umgedrehter Frontstellung, die Hand w i d e r die Seinen erhob und Waffen und Wehr von feindlichen Invasoren h i n t e r die schützende Mauer lenkte, mitten hinein in sein Volk und gegen dasselbe. Daneben bot sich nicht minder die Tradition von der vierten Vision des Amos - zur Überwindung der eingetretenen Diskontinuität, zur Wiedererlangung der Kontinuität - an. War doch in ihr - aus angenehmem Bildeindruck heraus - die konsternierende Einsicht hervorgebrochen, daß Gott im Begriffe stand, seinem Volk den Garaus zu machen: "Das Ende ist gekommen ..." Anknüpfungspunkt war im selben Kontext, exakt daneben, die Schlußpointe der fünften Amosvision: daß Jahwe jetzt - in Umkehrung traditioneller Erwartung - sein Augenmerk nicht mehr aufs Heil, vielmehr aufs Unheil der Seinen richte. War nicht, wer sich am historischen Ort der exilischen Ära und der Frühzeit danach, nach der Verwirklichung des Unheils also, an d i e s e Tradition anschloß, die Gottes Entschlossenheit zur Diskontinuität im Verhältnis zu seinem Volk anzeigte, in der Lage, in tiefer schürfendem Verständnis neue Kontinuität zu entdecken und zu entwickeln? War nicht - um Beispiele herauszustellen - in der Eroberung Jerusalems durch neubabylonische Truppen schlicht und einfach und ein weiteres Mal Jahwe just so, wie ihn Amos in der dritten Vision perzipierte, am Werk? Jer 21,4, die Entdeckung und Ergreifung der Kontinuität in der Diskontinuität? War es nicht auch das Ja des Glaubens zu dem von Amos neuerkannten Gott, - Nostrifizierung des von ihm herrührenden Gotterfassens in entsprechender Deutung und Darstellung zunächst nur widerstrebend erlittener Zeitgeschichte[238]? War nicht überhaupt der Sinn, der Grund von allem oder doch dem Wesentlichsten, was seit Beginn des 6. Jhdts. geschehen oder noch zu gewärtigen war, einzig und just mit jenem Verstehensschlüssel aufzutun, der im Gottesspruch der fünften Amosvisionserzählung beschlossen lag ("Ich richte mein Auge auf sie zum Unheil und nicht zum

---

237 Detaillierter dazu der Vf. in OBO 81, 1988, 46ff.49ff.

238 Vergleichenswert D.A. KNIGHT, Revelation through Tradition, in: D.A. KNIGHT (Hg.), Tradition and Theology in the Old Testament, 1977, 177ff.

Heil")? Vollzog sich nicht in der Reaktivierung dieses Worts - in Jer 21,10a oder 39,16a - so etwas wie die Annahme des göttlichen Strafgerichtsbeschlusses durch die relativ zu Amos Nachgeborenen, einsichtige Unterstellung unter jenen Gotteswillensentschluß, der offenbar heute noch so wie damals im 8. Jhdt. v. Chr. gültig und wirksam war? Keine Frage: hier kam's zur Entdeckung und Bekundung einer in Jahwe begründeten Kontinuität in, mit und unter geschichtlich erlittener Diskontinuität.

Allerdings, die Erfassung neuer religiöser Kontinuität erforderte mehr, - konnte sich nicht damit begnügen, unheilsprophetische Traditionselemente aktualisierend zu nostrifizieren. Auf Dauer konnte sie nicht umhin, für die, die das Unheil als Gottes Gericht hinnahmen, Ansatz und Chance zu neuem Heil zu eröffnen. Dies wenigstens in der Form des Jeremia (und denen, die zu ihm standen) gegebenen Heilszuspruchs, Jer 1,18f und 15,20. Demjenigen, der für Bejahung, Hinnahme und Erduldung der Unheilsbotschaft und -verwirklichung eintrat, ward alsbald auch wieder Heil, ward neue Inschutznahme zugeeignet: Ich, Jahwe, mache dich, den leidenswilligen Unheilspropheten, zur Mauer aus edlem Metall im Kampf mit den Widerstrebenden. Zunächst und vor allem w i d e r sie. Im weiteren indes, wenn ihr Ansturm sich bricht, auch f ü r sie. Hätte es, so ist zu fragen, je wundern dürfen, daß just hier und prompt jene metallene Mauer wiedervorkommt, das suspendierte Symbol unüberwindlichen Gottesschutzes? Vollzog es sich nicht auch da, - diese Wiederentdeckung der Kontinuität in der Diskontinuität? - Gewiß, jene Mauer war nicht mehr. Nicht mehr so wie einst. Nicht mehr für das Jahwevolk als solches und in Gänze. Diskontinuität insofern! Doch leuchtete sie für die wieder auf, die das Unheil - als von Jahwe beschieden - gehorsam auf sich nahmen. Kontinuität, unversehens, i n der Diskontinuität! Erkannt und artikuliert in der Rückorientierung an alter Tradition, an der von der dritten Vision des Amos. Erkannt und artikuliert nach Lage der Dinge im Widerstreit der "Parteien".

Ebenderselbe Versuch, Kontinuität in der Diskontinuität zu finden, auch anderwärts: in der Erzählung vom Gesicht jener Feigenkörbe, Jer 24. Dort in gespaltener Zukunftserwartung Unheil u n d H e i l zugleich! Distribuiert im Widerstreit von "Parteien". Als Entscheidung im Spannungsfeld konkurrierender Ansprüche. Als Entscheidung durch Jahwe, Israels Gott. Heil für den e i n e n Teil im zerfallenen Jahwevolk: für die Gola im Lande der Neubabylonier! Unheil, nicht weniger dezidiert, für die a n d e r e n rivalisierenden Teile: für die im Lande (Palästina) Gebliebenen - und für die Diaspora in Ägypten! Die Eröffnung dieser Entscheidung - immer noch so wie dereinst, im 8. Jhdt., in der vierten Vision des Amos; im selben Medium der Kundgabe, im gleichgehaltenen Dialog, in der nämlichen Frage-Antwort-Manier, in derselben höchst eigenartigen Herleitung aus einer Bildimpression, im Grunde gar aus derselben Art Bild, aus dem geernteter Früchte in Körben, zur Begutachtung, zur Bewertung exponiert. War es nicht, bei diesem so großen Maß Gleichheit, evident kontinuierlich der alte Gott, der gleichförmig weiterwirkend neu in Erscheinung trat? War es nicht, ganz entsprechend, dieselbe Art Gotteserfahrung[239], die in neuer Situation, so anders sie auch erschien, vor Augen trat? War die Kontinuität, die sich, wie gezeigt, von Gott her in Szene setzte, 24,1a, nicht so überzeugend, so überwältigend, daß die Diskontinuität, die sich (beispielsweise, nicht nur) im Zersplittert- und Zerstrittensein der Jahwegemeinde äußerte, wesenlos erschien? Kontinuitätserfahrung - hier und, ohne daß dieses weiterer Explizierung bedürfte, ähnlich auch in Jer 44,27a - in, mit und unter erlittener Diskontinuität!

Natürlich gehörte, wie von vornherein avisiert[240], bei alledem ein z w e i t e s Moment dazu: neben der Möglichkeit der Anbindung an nicht-diskreditierte Tradition die Überzeugung, daß Jahwe sich auch, je am neuen historischen Ort, wieder und wieder m a n i f e s t i e r t e , nachgerade kontinuierlich; auch und gerade in seiner viva vox. Es bedarf keines ausdrücklichen Aufweises, daß Stereotypen wie die Wendung יהוה נאם oder die Boten- oder Wortereignisformel von Mal zu Mal darauf hindeuten.

Beachtung könnte schließlich verdienen, daß dort, wo die Verläßlichkeit solcher Kontinuität besondere Unterstreichung erfahren sollte, unter dem Einfluß der Tradition der Amosvisionserzählungen gerade auch das Moment der von Gott ermöglichten S c h a u in die Waagschale geworfen worden ist. So wird die in der Ouvertüre des Jeremiabuches gegebene Garantie, daß Jahwes Wachsamkeit (שקד) der Wahrung der Kontinuität zwischen prophetisch vorauslaufendem Wort und der

---

239 Trotz jener schwerer gewordenen Ableitbarkeit und der demgemäß größer gewordenen Interpretationsbedürftigkeit. Nicht zu vergessen jene in Ziffer XI eruierten Differenzen, die der fortgeschrittenen Entwicklung entsprechen, dem frappanten Maße der Analogie und Affinität indessen nicht den mindesten Abbruch tun.

240 Siehe oben, eingangs dieser Ziffer XIX!

Gottestat der Erfüllung gilt, aus gottermöglichter Schau herausentwickelt, Jer 1,11-12. Ad oculos wird demonstriert, daß diese Art Kontinuitätsgarantie auf keine geringere Art ins Dasein gebracht worden ist als die Enhüllungen der dritten und vierten Amosvision: im eigenartigen Ineinander von offenbarender Bildimpression und deduzierend-explizierendem Dialog. Ließ sich, was da - wohl im Blick aufs nachfolgend gesammelte prophetische Wort insgesamt - garantiert worden ist, durchschlagender autorisieren? - Endlich ist es wohl auch kein Zufall, daß gerade dort, wo im Widerstreit konkurrierender Gruppen und rivalisierender Legitimitätsansprüche eine Entscheidung von Gott her durchgesetzt werden sollte, das Gewicht regelrechter Vision in die Waagschale geschleudert worden ist. Es scheint, wie gesagt, so zu sein, daß es zu dieser spezifischen Art des Nachdrucks just in einer Phase gekommen ist, in der Sensibilität und Wertschätzung fürs Visionäre (wieder einmal) haussierten.

Wie immer -, es ist am Tag, daß die verhandelten redaktionellen Jeremiabuchtexte, die an Amosvisionserzählungen anknüpfen, durch nichts so verbunden sind wie durch die Intention, im Durcheinander der Diskontinuität neue Kontinuität zuwege zu bringen, - Kontinuität des Glaubens und Verstehens, auch und gerade in der Deutung und Bewältigung erschütternd erlebter Geschichte, - Kontinuität nicht zuletzt, die legitimiert und autorisiert erscheint.

XX

Zur Verfasserfrage

Endlich läßt sich auch noch unter dem Aspekt der Verfasserfrage zusammenschauen. Nicht so, daß hier zusätzliche Einsicht zu gewinnen sein würde. Lediglich so, daß sich ins Bewußtsein erheben läßt, es seien bei den von Amosvisionserzählungen her entwickelten Zusätzen m e h r e r e Hände am Werke gewesen, m e h r e r e Bearbeiter, welche - am umrissenen historischen Ort und aus der umschriebenen Intention heraus - redaktionell gearbeitet und, je nachdem, zugleich kompositorisch eingewirkt haben. Allein schon der erwiesene Umstand[241], daß einzelne Texte der hier untersuchten Redaktion andere Stücke derselben Art zeitlich und sachlich voraussetzen und Anleihen bei ihnen aufnehmen, läßt, wenn auch allein noch nicht schlüssig, mit einiger Plausibilität daran denken, daß eine Pluralität von Redaktoren zugange gewesen ist. Vergleiche zwischen beteiligten Texten, ihrem Horizont und Zuschnitt, lassen vollends Gewißheit erzielen. Wie sollte etwa - um ein Beispiel herauszugreifen - der golaorientierte Eiferer von Jer 24, der, alle Register der Autorisierung ziehend, die im Lande gebliebenen Jahweverehrer und diejenigen in der Kolonie zu Ägypten ins Abseits zu drängen trachtet, mit jenem Ergänzer von Jer 1,18f identisch sein können, der Jeremia und denen, die zu ihm stehen, den Schutz und das Heil jener unüberwindlichen Mauer zuspricht; letztlich und hintergründig auch denen, die in der Folgezeit vom Widerstreben gegen diesen Propheten lassen? Nein, hier sind zweifellos mancherlei Geister, diverse Personen, mehrere Redaktoren am Werke gewesen, verteilt auch über den historischen Ort in seiner begrenzten Erstreckung und entsprechend verschieden positioniert[242]. Gleichwohl sind sie, trotz solcher Pluralität, von ein und derselben Grundintention bewegt gewesen, welche, wie gezeigt, der Grundstruktur des geschichtlichen Ortes entspricht und die von ihr Bewegten verbindet.

---

241 Siehe oben, eingangs des Abschnitts XVII!

242 Der Vf. wäre von Sinnen, faßte er ohne Not noch das heiße Eisen der Frage an, wie das Verhältnis zu dem, was deuteronomistisch genannt zu werden

XXI

Konsequenzen fürs Jeremiaverständnis

Implicite ist auch gesagt, daß keins der Textelemente, das auf Amosvisionserzählungen fußt, von Jeremia selber verfaßt ist. Zwar ist's in einem Fall, bei 1,11-12.13-14 dahingestellt geblieben, ob - überlieferungsgeschichtlich zurückgepeilt - Reminiszenzen, vom historischen Jeremia überkommen, Textbildung angeregt haben könnten. Das Erzählungspaar aber, so wie es textlich vorliegt und kompositorisch eingesetzt ist, stammt fraglos - wie jene anderen Stücke - von Redaktorenhand[243]. - Zusammengeschaut hat's den Anschein, als seien s ä m t l i c h e Versuche, in Anlehnung an Amosvisionerzählungen Kontinuität in der Diskontinuität zu erwirken, von solchen unternommen worden, die an letzterer und ihren Symptomen, mehr nach 587 als bereits nach 597, laborierten und, einleuchtenderweise, auch Zeit benötigten, um Lösungen auszuloten und reifen zu lassen und, nicht zuletzt, textlich auszuarbeiten. Spricht allein diese allgemeine Überlegung - bei allem Respekt vor der Fähigkeit eines großen Propheten, Durchblicke zu antizipieren - für nachjeremianische Abfassungen, so läßt, ausschlaggebenderweise, die Zusammenschau aller einschlägigen Untersuchungsergebnisse[244] das abschließende Fazit ziehen, daß sämtliche Textstücke, die sich im Jeremiabuch an Amosvisionserzählungen anlehnen, von nachjeremianischen Redaktoren eingetragen worden sind.

Dieses Fazit ändert am Bild, das sich Forscher von Jeremia gemacht haben, wenigstens zweierlei: Es läßt e r s t e n s Abstriche am Maß der Abhängigkeit

---

pflegt, im einzelnen zu beurteilen sein würde. (Zu verweisen ist aber auf mancherlei Anmerkungen zu einschlägigen Stellungnahmen, vor allem zu W. THIEL, Die deuteronomistische Redaktion von Jer 1-25, WMANT 41, 1973. Zu vergleichen z. B. obige Anm. 192.

243 Im einzelnen Ziffer IX!

244 In Abschnitten mit ungeraden Ziffern zwischen III und XIII je einschließlich.

dieses großen Propheten aus dem benjaminitischen Anatot von anderen, früheren Propheten vornehmen. Die redaktionskritisch differenziertere Betrachtung, zu der diese Studie nötigt, läßt erheblich w e n i g e r Belege für die These[245] übrig, Jeremia sei nicht bloß von der Hinterlassenschaft seines nordisraelitischen Landsmannes Hosea beeinflußt gewesen[246], sondern ebenso, der Aktualisierung wegen, vom Judäer Amos. Ohne an der Überzeugung rütteln zu wollen, Jeremia habe, wie andere seinesgleichen, in einem innerprophetischen Überlieferungsprozeß[247] gestanden[248], kann nachgerade nicht mehr behauptet werden, sie sei auch durch Bezüge auf Passagen im Komplex der dritten bis fünften Amosvisionserzählung fundiert[249]. Wo besagte Bezugnahmen eingeordnet zu werden verdienen, ist klar: im Überlieferungsprozeß - nicht etwa b e i , sondern n a c h Jeremia, im Kreise seiner Jünger, präziser, derer, die sich um die Tradierung, Entfaltung und Fortschreibung seiner Prophetie bemühten, - im redaktionsgeschichtlichen Danach.

Z w e i t e n s sind Abstriche dort zu machen, wo der Meinung das Wort geredet wird, Jeremia sei - überhaupt oder zu Beginn seines Wirkens - a u c h V i - s i o n ä r gewesen[250]. Zu dieser Auffassung Stellung zu nehmen ist insofern nicht ganz unwichtig, weil, wenn die erhalten gebliebenen Texte nicht trügen, alt-

---

245 Vertreten vor allem von J.M. BERRIDGE, Jeremia und die Prophetie des Amos, in: ThZ 35, 1979, 321-341.

246 Was einst K. GROSS aufzuweisen verstanden hat, Hoseas Einfluß auf Jeremias Anschauungen, in: NKZ 42, 1931, 241-343.

247 W. ZIMMERLI, Die kritische Infragestellung der Tradition durch die Prophetie, in: O.H. Steck (Hg.), Zu Tradition und Theologie im Alten Testament, BThSt 2, 1978, 64.

248 Siehe hierzu schon etwa K. BUDDE, Zu Jesaja 1-5*, in: ZAW 49, 1931, (16-40) 27 sowie die sich später anschließende Dissertation von R. FEY, Amos und Jesaja. Abhängigkeit und Eigenständigkeit des Jesaja, WMANT 12, 1963. - Bedenkenswert am Rande, in gewisser Weise, Jer 26,18.

249 Dies, gar nicht unerheblich einschränkend, gegen BERRIDGE, ebd.

250 Repräsentant der ersteren Version dieser Meinung ("überhaupt") etwa A. WEISER, Das Buch Jeremia, ATD 20/21, 5. A. 1966, XXVIII (und Sachregister 452) oder W. RUDOLPH, Jeremia, HAT I 12, 3. A. 1968, X; Protagonist der

testamentliche Propheten sowohl m i t als auch o h n e Visionen aufgetre-
ten sind. Beispiele für erstere, auch visionäre Erscheinungsweise: Ezechiel und
Sacharja. Beispiele für letztere: Hosea und Deuterojesaja. Wie sich's in dieser Hinsicht mit Jeremia verhält, wie er, im Widerstreit der Meinungen, eingeordnet zu
werden verdient, hängt, bei Lichte besehen, von der Wertung ganz weniger Texte ab;
bei Anlegung strenger Maßstäbe vom Verständnis lediglich z w e i e r Passagen:
erstens des Erzählungspaares 1,11-12.13-14, zweitens des Kapitels 24 [251].

Wird hier, was sich im einzelnen ergab[252], zusammengeschaut, so läuft's darauf
hinaus, daß die beiden entscheidenden Texte, die Jeremia noch am ehesten als (auch)
Visionär erscheinen lassen könnten, von seiner Hand gar nicht stammen, vielmehr
von der nachjeremianischer Redaktoren, Bearbeiter oder Ergänzer. - Die Sachlage
ist frappant: Der eine der beiden entscheidungserheblichen Texte, 24,1-10, geht unverkennbar mit dem Selbstverständnis einer, extraordinäres Gesicht zur Sprache zu
bringen, Vision, welche Jahwe ebenso wie jene Visionen, die Amos einst hatte, in

---

letztgenannten Version (bloß anfänglich, "a transitional stage") W. ZIMMERLI,
Visionary experience in Jeremiah, in: R. Coggins u. a. (Hg.), Israel's Prophetic
Tradition, FS. f. P.R. Ackroyd, 1982, 95-118, insbesondere 114-116.

251 Zu den wenigen Stücken, die von diesem und jenem Gelehrten, ohne daß es
sich breithin durchzusetzen vermocht hätte, darüber hinaus als visionsbezogen
verhandelt worden sind, zählt vor allem 4,23-26. Vgl. beispielsweise W.L.
HOLLADAY, Jeremiah 1, 1986, 151ff und W. ZIMMERLI, a. a. O. 99ff. Nicht
visionär, aber recht plausibel versteht R.P. CARROLL besagten Text:
Jeremiah, OTL, 1986, 102.168ff. - Am Rande interessant, vor allem wegen der
synoptischen Einbeziehung von Gen 1,1-2,4a, M. FISHBANE, Jeremiah IV 23-26
and Job III 3-13: A Recovered Use of the Creation Pattern, in: VT 21, 1971,
151f. Nicht unberechtigte Vorbehalte abermals bei CARROLL, a. a. O. 169. -
Wichtig ist: zum begründeten Zweifel, ob der Passus wirklich Visionsbericht
oder -beschreibung ist, kommt das nicht minder fundierte Bedenken hinzu, er
könnte eher (apokalyptisch) nachjeremianisch als jeremianisch sein und so - aus
mehr als bloß einem Grund - am Rande unserer Überlegungen bleiben müssen.
- Bemerkenswert nicht zuletzt, welche Jeremiabuchtexte I.P. SEIERSTAD, Die
Offenbarungserlebnisse der Propheten Amos, Jesaja und Jeremia, 2. A. 1965,
als eventuell (und irgendwie) visionsbezogen in Betracht zu ziehen für angebracht hält.

252 In den Ziffern IX und XI.

sonderlicher Verursachung hat sehen lassen (kausativ, ‏כה הראני יהוה והנה‎ [253]!).
Der nämliche Text ist aber nicht nur ein weiterentwickelter, im Verhältnis zu den
anderen redaktionellen Stücken spät eingebrachter Zusatz. Er läßt vielmehr auch, in
überlieferungsgeschichtlicher Retrospektive, nicht mal die Vermutung zu, 24 sei -
wie aus einem Samenkorn - aus einer vom historischen Jeremia herrührenden
Reminiszenz erwachsen. Denn gerade auch, was der innerste Kern des Ausgeführten
sein würde, jenes konstrastierend auseinandergetretene dualistische Bild, zwei so
verschiedenwertige Körbe geernteter Früchte, ist signifikant-notorisch
Hervorbringung nachjeremianischer Entwicklung[254]. - Geht so die e i n e text-
liche Grundlage der Vorstellung, Jeremia sei auch Visionär gewesen, verloren, so
vermag die a n d e r e entscheidungsrelevante Passage, 1,11-14, von ihrem
Textselbstverständnis her, schon von vornherein nicht ohne weiteres Fundierung zu
sein. Dieser Text hat sich's nämlich, nicht unreflektiert, v e r s a g t , mit dem
Pathos "So hat Jahwe mich schauen lassen ..." anzuheben. Er hat aus der dritten und
vierten Amosvisionserzählung, nicht minder reflektiert und bewußt, Diverses rezipiert. Bezeichnenderweise aber eben nicht die Worte ‏כה הראני יהוה והנה‎. Vielmehr liegt ihm daran, das Ereignis des Jahweworts im Medium des Dialogs, der
Zwiesprache mit Gott, durch Voranstellung der entsprechenden Formel hervorzuhe-
ben, v.11.13. Der Text ist, wenigstens in redigierter Gestalt, nicht daran inter-
essiert, daß Jeremia auch als Visionär in Erscheinung getreten ist.

So bliebe allenfalls der Ausweg, es abermals in überlieferungsgeschichtlicher Retrospektive zu versuchen: Vielleicht ist ja, wie wir - mehr der Vorsicht halber -
offengelassen haben, jener Text aus einer Reminiszenz vom historischen Jeremia her
entwickelt und ausgeformt worden. Eine E r w ä g u n g lediglich, keinesfalls
mehr! Und selbst w e n n sie ins Schwarze treffen sollte, so erschiene bloß
hintergründig, in der Tiefendimension des an sich visionsdesinteressierten Textes, ein
Mensch, der in seiner natürlichen Umwelt etwas perzipiert (einen Mandelbaumzweig
oder -stab) und der in der Alltäglichkeit von Haus und Herd eine Wahrnehmung
macht (einen angeheizten Topf, welcher, schief gestellt, "von Norden her" überzukochen droht). Sollte, was anläßlich der Bildeindrücke in den Sinn gekommen und als
Gotteswort gewiß geworden ist, V i s i o n genannt zu werden verdienen?
Kaum! - Jedenfalls: der Text, der - ziemlich suspekt vereinzelt! - als entscheidungs-

---

253 Zum Textkritischen einerseits noch einmal Anm. 127, zum Berührungspunkt
andererseits Am 7,1.4.7 und 8,1.

254 Ziffer XI im allgemeinen und Anm. 150ff im besonderen.

erheblich verblieben ist und selbst, in seiner Letztgestalt, so ganz und gar kein Interesse hegt, Vision zu dokumentieren, kann nicht einmal mittelbar, überlieferungsgeschichtlich hinterfragt, tragfähigen Grund für die These darstellen, Jeremia sei zeitweilig oder überhaupt, a u c h   v i s i o n ä r   zugange gewesen.

Geschweige denn, daß da irgendwie für die Auffassung Anhalt zu finden sein würde, jener Passus 1,11ff sei, bloß weil er in der Ouvertüre Kapitel 1 seinen Platz erhielt, biographisch für die   A n f ä n g e   der Prophetie Jeremias in Anspruch zu nehmen[255]!

Nein -, die unlängst vertretene Sicht der Dinge, daß das Phänomen der Vision im Jeremiabuch lediglich "at the edges" vorkommt, will sagen: dort, wo Redaktion dominiert[256], erscheint in der Zusammenschau dieser Studie als vollauf gerechtfertigt und gänzlich korrekt. - Auch läßt sich kein tragfähiger Grund für die Meinung aufweisen, Jeremia habe nur eben in der Anfangszeit seines prophetischen Wirkens Visionen erlebt und später, als ihm Heilspropheten mit demselben Phänomen zu schaffen machten, Jer 23,16ff, in Reaktion hierauf dann nicht mehr[257]. Auch wäre zu fragen: wie sollte einer, dem Visionen zu haben gegeben war, dies einfach (zur Erleichterung der Kontroverse mit andern!) abzustellen oder totzuschweigen in der Lage gewesen sein?

Alles scheint dafür zu sprechen, daß Jeremia - so wie Hosea und Deuterojesaja - Prophet ganz ohne Visionen war. Erst redaktioneller Rückbezug auf Amosvisionserzählungen hat ins Portrait unseres großen Propheten auch Züge des Visionärs hineingebracht.

---

255 Von der Schwierigkeit, daß die Exegese es dann - schon in der Ausgangssituation des Propheten Jeremia - mit bekanntgemachtem Jahwewort zu tun haben würde, bei welchem es nur noch um die Überwachung ginge, - von dieser Schwierigkeit und den mancherlei Lösungskunststücken, soll hier gar nicht weiter die Rede sein!

256 So R.P. CARROLL, a. a. O. 102.

257 So ZIMMERLIs Fazit, a. a. O. 114-115.

XXII

Vergewisserung im Blick aufs Ganze

Last but not least ist in der Zusammenschau eins zu erzielen: ein höheres Maß an G e w i ß h e i t , daß, was an Berührungspunkten zwischen Amosvisionserzählungen und Texten im Buch Jeremia zu verzeichnen ist, nicht etwa auf "Zufall" beruht, auf zusammenhangsloser paralleler Gedankenbildung, sondern auf Rückbezugnahmen bewußter, absichtlicher Art.

Wäre bloß zusammenzuschauen, daß hier und dort von der Mauer, חומה , aus härtestem, widerstandsfähigstem Metall die Rede ist im Sinne einer von Gott herrührenden Unüberwindlichkeit im Kampf mit angreifenden Feinden, Am 7,7 [258] und Jer 1,18 und 15,20, so gäbe dies wohl zu d e n k e n . Um so mehr als dies eigenartige Motiv (im Alten Testament) nur hier und dort vorkommt[259]. Es erlaubte aber noch nicht, auf Rückbezug und Abhängigkeit zu erkennen. Um so weniger als besagtes Motiv schon vor- und außeralttestamentlich nachzuweisen ist. Wie ein El-Amarna-Brief belegt[260], auch und gerade in umittelbarer Nachbarschaft des nachmaligen Israel[261]. So kann das Motiv (sowohl mündlich als auch schriftlich) im Schwange geblieben sein und sich angeboten haben. Diese Möglichkeit in Rechnung zu stellen ist nicht zuletzt darum angebracht, weil Jer 1,18 und 15,20 ja nicht der S o n d e r ausprägung des Motivs in Am 7,7 gefolgt sind ("Mauer aus Z i n n "), sondern der verbreiteteren Fassung ("Mauer aus B r o n z e ", חומת נחשת). Der Rückbezug auf den Amostext wird zugleich in Kenntnis der gewöhnlicheren Motivausprägung geschehen sein.

---

258 Unter Voraussetzung des vom Vf. in OBO 81, 1988 entwickelten Textverständnisses.

259 Zur Arrondierung Anm. 36!

260 Nr. 147 der apostrophierten Korrespondenz. Zum Wortlaut J.A. KNUDTZON (Hg.), Die El-Amarna-Tafeln, I, 1915.1964, 609ff; S.A.B. MERCER (Hg.), The Tell El-Amarna Tablets, II, 1939, 480ff.

261 Vf., OBO 81, 1988, 42ff.

Ist die Annahme solcher Rückbezugnahme gleichwohl aufrechtzuerhalten, dann ohne Frage deshalb, weil w e i t e r e Berührungspunkte zwischen Amosvisionsberichten und Jeremiabuchstellen zusammenzuschauen sind: Da bezieht sich ja eben zugleich Jer 21,4 - abermals ein redaktioneller Text! - auf die andere Erscheinung derselben Amosvision zurück: auf die Umwendung von Waffen und Wehr aus der Normalstoßrichtung wider die Feinde vor der Mauer, über diese hinweg nach drinnen, in die Mitte des Jahwe eigenen Volks, von diesem Gott selber vollführt, Am 7,8. Wo anders als in der Erzählung von der dritten Vision des Amos sind inneralttestamentlich beide Bezugsmotive bezeugt, zu allem hin gar vereint? Wird die Annahme nicht (graduell) sicherer, daß in besagter Richtung, auf jene Erzählung im Amosbuch Bezug genommen worden ist? - Dazuhin taucht in einem anderen Text der Redaktion im Jeremiabuch, 24,1-10, frappant analog erzählt, das visionär wahrgenommene[262] Bild von den in Körben geernteten Früchten wieder auf, welches Gott zur Enthüllung der Zukunft schreiten läßt. Es ist nirgendwo anders als in der b e n a c h b a r - t e n Amosvisionserzählung, der vierten, vorgegeben! Wird es nicht von Mal zu Mal gewisser, daß in vielfachen, parallelgerichteten Rückgriffen auf denselben Textkomplex Bezug genommen worden ist?

Zudem wird, um zwei weitere Berührungspunkte einzubeziehen, im selben redaktionellen Jeremiabuchtext, 24,5ff, der Gedanke aus der nächstbenachbarten Amosvisionserzählung, der fünften, entsprechend wiederverwendet: "richte mein Auge(nmerk) wider sie ..."[263], Am 9,4b. Ausgerechnet im nächsten Kontext von Jer 21,4, im redaktionell gefaßten Halbvers 21,10a, wird derselbe Jahwespruch aus der fünften Amosvisionserzählung, diktionell leicht variiert nach sprachlichen Präferenzen späterer Zeit[264], ein weiteres Mal zitiert: "... ich habe mein Antlitz wider diese Stadt gerichtet zum Unheil und nicht zum Heil ..." In der Zusammenschau kommt so ans Licht, daß im redaktionell verfertigten Komplex 21,4...8-10 Rekurse auf die dritte und fünfte Amosvisionserzählung erfolgen und, wenig entfernt davon, im gleichfalls redaktionellen Text 24,1-10 Rekurse auf die vierte und fünfte.

Es kann nachgerade nicht darum gehen, auch die restlichen Berührungspunkte explizit zur Sprache zu bringen. Es läßt sich auch so schon sagen: Je weiter die Zu-

---

262 Visionär wahrgenommen sein sollende!

263 Siehe Ziffer XII 1!

264 Siehe Ziffer XII 2!

sammenschau greift, je mehr sie einbezieht, desto größer wird die Gewißheit, daß sich's hier nicht zufällig berührt, daß vielmehr - nicht einmal, sondern wieder und wieder - in derselben Bewegung und Richtung rekurriert worden ist; stets ausgehend von Redaktionen im Jeremiabuch, stets hinstrebend und festmachend im Bereich des dritten bis fünften Amosvisionsberichts. - Natürlich gibt es auch anderwärts, abseits vom Buch Jeremia, Rekurs auf Amosbuchtext[265]. Die These hat manches für sich, daß bereits Jesaja sich an Worten des Amos zu orientieren begonnen hat[266]. Indessen, wer anderweitigen Rückbezug vergleichend mit in den Blick faßt, wird rasch zu der Einsicht gelangen, daß die Schar paralleler Beziehungslinien, die vom Buch Jeremia zum Komplex der Amosvisionserzählungen zurückverlaufen, sich als einzigartig auszeichnen.

Sie formieren in mancherlei Weise eine gewisse E i n h e i t : Zwar stammen sie nicht von einer einzigen Hand, nicht von ein und demselben Urheber[267]. Aber sie rühren von e i n e r Art Urheber her, sind sämtlich von Redaktoren geschaffen, von Bearbeitern und Ergänzern im Gefüge des Jeremiakomplexes. Von solchen, die ein und demselben historischen Ort zugehören. Einem, der trotz einer gewissen Erstreckung noch echten Zusammenhang hat: Er ist von derselben kardinalen Not umspannt; von der, i n der Diskontinuität, die nach 587 bis in die Anfänge der nachexilischen Ära hinein aufs schwerste zu schaffen machte[268], Kontinuität neu finden zu müssen. In Anbindung, wie sich versteht, an hierfür geeignete Tradition. Keine hat sich den Redaktoren des jeremianischen Kreises s o angeboten wie die der dritten bis fünften Amosvisionserzählung. S i e war dazu angetan, Kontinuität von Gottes Wesen und Wirken neu begreifen und durchhalten zu lassen. In dieser Grundintention haben die redaktionellen Jeremiabuchtexte, die an Amosvisionserzählungen Anhalt gesucht und gefunden haben, den wesentlichsten Zusammenhalt. Absicht und Willen werden ersichtlich, welche gerade so, so und nicht anders, rekurrieren ließen. Es ist so gewiß wie irgend möglich: Alles, was sich im verhandelten Falle berührt, hängt absichtsvoll ab und reflektiert. So hat es auch Sinn und Berechtigung, von Reflexen der Amosvisionen im Buch Jeremia zu sprechen.

---

265 Auch die Interpolation einer Judastrophe in Am 2,4-5 ist in gewisser Weise als Rückgang vergleichbarer Art (nicht mehr!) mit in Betracht zu ziehen. Siehe oben, am Ende der Ziffer III!

266 Literaturangaben in Anm. 247.   267 Ziffer XX!   268 Siehe Anm. 236!

VERZEICHNISSE

Abkürzungsverzeichnis

AncB	Anchor bible, Garden City, N.Y.
ATD	Das Alte Testament Deutsch. Neues Göttinger Bibelwerk, Göttingen.
BEThL	Bibliotheca ephemeridum theologicarum Lovaniensium, Louvain u. a.
Bib.	Biblica. Commentarii periodici ad rem biblicam scientifice investigandam, Rom.
BK	Biblischer Kommentar, Neukirchen-Vluyn.
BRL	Biblisches Reallexikon. Begründet von Kurt Galling, Tübingen.
BST	Basel studies of theology, Zürich u. a.
BThSt	Biblisch-Theologische Studien, Neukirchen-Vluyn.
BZ	Biblische Zeitschrift, Paderborn u. a.
BZAW	Beihefte zur Zeitschrift für die alttestamentliche Wissenschaft, Berlin, New York.
CNEB	Cambridge bible commentary on the New English Bible, Cambridge.
EB	Die Heilige Schrift in deutscher Übersetzung. >Echter Bibel<, Würzburg.
EThL	Ephemerides theologicae Lovanienses, Louvain u. a.
EvTh	Evangelische Theologie, München.
FRLANT	Forschungen zur Religion und Literatur des Alten und Neuen Testaments, Göttingen.
FzB	Forschung zur Bibel, Würzburg, Stuttgart.
FZPhTh	Freiburger Zeitschrift für Philosophie und Theologie, Freiburg/Schweiz.
HAT	Handbuch zum Alten Testament, Tübingen.
HK	Handkommentar zum Alten Testament, Göttingen.
HSAT	Die Heilige Schrift des Alten Testaments, Bonn.
HSM	Harvard Semitic monographs, Cambridge, Mass.
ICC	International critical commentary (on the Holy Scriptures of the Old and New Testaments), Edinburgh.
IntB	Interpreter's bible, New York u. a.

Interp.	Interpretation. A journal of bible and theology, Richmond, Virg.
JBL	Journal of biblical literature, Philadelphia, Pa., Atlanta, Ga.
KAT	Kommentar zum Alten Testament, Leipzig, Gütersloh.
KEH	Kurzgefaßtes exegetisches Handbuch zum Alten Testament, Leipzig.
KHC	Kurzer Hand-Commentar zum Alten Testament, Tübingen u. a.
MSU	Mitteilungen des Septuaginta-Unternehmens der Gesellschaft/Akademie der Wissenschaften in Göttingen, Göttingen.
NEB	Die neue Echter Bibel, Würzburg.
NKZ	Neue kirchliche Zeitschrift, Erlangen u. a.
OBO	Orbis biblicus et orientalis, Freiburg/Schweiz, Göttingen.
OTL	Old Testament library, London.
StTh(R)	Studia theologica. Ordo theologorum universitatis Latviensis, Riga.
Textus	Textus. Annual of the Hebrew University. Bible Project, Jerusalem.
ThLZ	Theologische Literaturzeitung, Leipzig.
ThR	Theologische Rundschau, Tübingen.
ThViat	Theologia viatorum. Jahrbuch der Kirchlichen Hochschule Berlin, Berlin.
ThZ	Theologische Zeitschrift. Theologische Fakultät der Universität Basel, Basel.
TRE	Theologische Realenzyklopädie, Berlin.
UB	Urban-Bücher, Stuttgart u. a.
UF	Ugarit-Forschungen, Neukirchen-Vluyn u. a.
VT	Vetus Testamentum, Leiden.
VT.S	- Suppl., Leiden.
WdF	Wege der Forschung, Darmstadt.
WMANT	Wissenschaftliche Monographien zum Alten und Neuen Testament, Neukirchen-Vluyn.
ZAW	Zeitschrift für die alttestamentliche Wissenschaft (und die Kunde des nachbiblischen Judentums), Berlin, New York.
ZDMG	Zeitschrift der deutschen morgenländischen Gesellschaft, Wiesbaden u. a.

Literaturverzeichnis

ACKROYD, P.R., Continuity and Discontinuity: Rehabilitation and Authentication, in: D.A. Knight (Hg.), Tradition and Theology in the Old Testament, London 1977, 215-234.

ALT, A., Hic murus aheneus esto, in: ZDMG 86, 1933, 33-48.

ANDERSON, B.W., "The Lord Has Created Something New": A Stylistic Study of Jer 31:15-22, in: L.G. Perdue / B.W. Kovacs (Hg.), A Prophet to the Nations. Essays in Jeremiah Studies, Winona Lake, Indiana 1984, 367-380.

BACH, R., Bauen und Pflanzen, in: R. Rendtorff / K. Koch (Hg.), Studien zur Theologie der alttestamentlichen Überlieferungen, FS. f. G. v. Rad, Neukirchen 1961, 7-32.

BARTHELEMY, D., Critique textuelle de l'Ancien Testament, 2. Isaie, Jérémie, Lamentations, OBO 50/2, 1986.

BAUMGARTNER, W. / STAMM, J.J., Hebräisches und aramäisches Lexikon zum Alten Testament, III, 3. A., Leiden 1983.

BENZ, E., Die Vision. Erfahrungsformen und Bilderwelt, Stuttgart 1969.

BERRIDGE, J.M., Prophet, People, and the Word of Yahweh. An Examination of Form and Content in the Proclamation of the Prophet Jeremiah, BST 4, 1970.

- , Jeremia und die Prophetie des Amos, in: ThZ 35, 1979, 321-341.

BEYERLIN, W., Bleilot, Brecheisen oder was sonst? Revision einer Amos-Vision, OBO 81, 1988.

BLANK, S.H., Jeremiah. Man and Prophet, Cincinnati 1961.

BRIGHT, J., Jeremiah, AncB 21, 1965.

- , A Prophet's Lament and Its Answer: Jeremiah 15:10-21, in: Interp. 28, 1974, 59-74.

BUDDE, K., Über das erste Kapitel des Buches Jeremia, in: JBL 40, 1921, 23-37.

- , Zu Jesaja 1-5*, in: ZAW 49, 1931, 16-40.

CARROLL, R.P., When Prophecy Failed. Reactions and responses to failure in the Old Testament prophetic traditions, London 1979.

CARROLL, R.P., From Chaos to Covenant. Uses of Prophecy in the Book of Jeremiah, London 1981.

- , Prophecy, Dissonance, and Jeremiah XXVI, in: L.G. Perdue / B.W. Kovacs (Hg.), A Prophet to the Nations. Essays in Jeremiah Studies, Winona Lake, Indiana 1984, 381-391.

- , The Book of Jeremiah, OTL, 1986.

CHILDS, B.S., The Enemy from the North and the Chaos Tradition, in: JBL 78, 1959, 187-198.

CORNILL, C.H., Das Buch Jeremia, Leipzig 1905.

DUHM, B., Das Buch Jeremia, KHC XI, 1901.

ELLIGER, K., Leviticus, HAT I 4, 1966.

ERBT, W., Jeremia und seine Zeit, Göttingen 1902.

FEY, R., Amos und Jesaja. Abhängigkeit und Eigenständigkeit des Jesaja, WMANT 12, 1963.

FISHBANE, M., Jeremiah IV 23-26 and Job III 3-13: A Recovered Use of the Creation Pattern, in: VT 21, 1971, 151-167.

FOHRER, G., Ezechiel, HAT I 13, 1955.

- , Neue Literatur zur alttestamentlichen Prophetie (1961-1970). VII. Jeremia, in: ThR 45, 1980, 109-121.

- , Vollmacht über Völker und Königreiche (Jer 46-51), in: Studien zu alttestamentlichen Texten und Themen (1966-1972), Berlin / New York 1981, 44-52.

FORBES, R.J., Studies in Ancient Technology, IX, Leiden 1964.

GERSTENBERGER, E., Jeremiah's Complaints. Observations on Jer 15:10-21, in: JBL 82, 1963, 393-408.

GESE, H., Komposition bei Amos, in: VT.S 32, 1981, 74-85.

GIESEBRECHT, F., Das Buch Jeremia, HK III 2, 2. A., 1907.

GREENBERG, M., Ezekiel 1-20, AncB 22, 1983.

GROSS, K., Die literarische Verwandtschaft Jeremias mit Hosea, Diss. Berlin, Leipzig 1930.

- , Hoseas Einfluß auf Jeremias Anschauungen, in: NKZ 42, 1931, 241-343.

GUNNEWEG, A.H.J., עם הארץ - A Semantic Revolution, in: ZAW 95, 1983, 437-440.

Harris, S.L., The Second Vision of Jeremiah: Jer 1:13-15, in: JBL 102, 1983, 281-282.

HERRMANN, S., Die Bewältigung der Krise Israels. Bemerkungen zur Interpretation des Buches Jeremia, in: H. Donner / R. Hanhart / R. Smend (Hg.), Beiträge zur Alttestamentlichen Theologie, FS. f. W. Zimmerli, Göttingen 1977, 164-178.

- , Forschung am Jeremiabuch. Probleme und Tendenzen ihrer neueren Entwicklung, in: ThLZ 102, 1977, 481-490.

- , Der Prophet und die Verfasser des Buches Jeremia, in: P.-M. Bogaert (Hg.), Le Livre de Jérémie, BEThL 54, 1981, 197-214.

- , Jeremia, BK XII (1. Lieferung, S. 1-80), 1986.

- , Jeremia / Jeremiabuch, in: TRE 16, 1987, 568-586.

HITZIG, F., Der Prophet Jeremia, KEH, 2. A., 1866.

HOBBS, T.R., Some Remarks on the Composition and Structure of the Book of Jeremiah, in: L.G. Perdue / B.W. Kovacs (Hg.), A Prophet to the Nations. Essays in Jeremiah Studies, Winona Lake, Indiana 1984, 175-191.

HOLLADAY, W.L., The Architecture of Jeremiah 1-20, Lewisburg / London 1976.

- , Jeremiah 1. A Commentary on the Book of the Prophet Jeremiah. Chapters 1-25, Hermeneia - A Critical and Historical Commentary on the Bible, Philadelphia 1986.

HORST, F., Die Visionsschilderungen der alttestamentlichen Propheten, in: EvTh 20, 1960, 193-205.

HUBMANN, F.D., Untersuchungen zu den Konfessionen Jer 11,18-12,6 und Jer 15,10-21, FzB 30, 1978.

HYATT, J.Ph., The Book of Jeremiah, in: IntB V, 1956, 777-1142.

- , The Deuteronomic Edition of Jeremiah, in: L.G. Perdue / B.W. Kovacs (Hg.), A Prophet to the Nations. Essays in Jeremiah Studies, Winona Lake, Indiana 1984, 247-267.

JANZEN, J.G., Studies in the Text of Jeremiah, HSM 6, 1973.

JEREMIAS, Chr., Die Nachtgesichte des Sacharja. Untersuchungen zu ihrer Stellung im Zusammenhang der Visionsberichte im Alten Testament und zu ihrem Bildmaterial, FRLANT 117, 1977.

JÜNGLING, H.-W., Ich mache dich zu einer ehernen Mauer. Literarkritische Überlegungen zum Verhältnis von Jer 1,18-19 zu Jer 15,20-21, in: Bib. 54, 1973, 1-24.

KAISER, O., Einleitung in das Alte Testament, 5. A., Gütersloh 1984.

KNUDTZON, J.A. (Hg.), Die El-Amarna-Tafeln, I, Aalen 1915.1964.

KNIGHT, D.A., Revelation through Tradition, in: D.A. Knight (Hg.), Tradition and Theology in the Old Testament, London 1977, 143-180.

KOCH, K., Was ist Formgeschichte?, 2. A., Neukirchen-Vluyn 1967.

- , Die Profeten II, UB 281, 2. A., 1988.

KRAUS, H.-J., Psalmen, BK XV /2, 5. A., 1978.

LANGKAMMER, H., Der übernatürliche Charakter. des Berufungserlebnisses des Propheten Jeremias. Ein Beitrag zu den Erklärungen der Prophetenekstase, in: FZPhTh 12, 1965, 426-438.

LIDDELL, H.G. / SCOTT, R. (Hg.), A Greek-English Lexicon, Oxford reprint 1985.

LINDBLOM, J., Die Gesichte der Propheten. Versuch einer Klassifizierung, in: FS. f. I. Benzinger, StTh(R) I, 1935, 7-28.

LONG, B.O., Two Question and Answer Schemata in the Prophets, in: JBL 90, 1971, 129-139.

-, Reports of Visions among the Prophets, in: JBL 95, 1976, 353-365.

LORETZ, O., Die Sprüche Jeremias in Jer 1,17-9,25, in: UF 2, 1970, 109-130.

MANDELKERN, S., Veteris Testamenti Concordantiae, II, 2. A., 1955.

MAY, H.G., Towards an Objective Approach to the Book of Jeremiah: The Biographer, in: JBL 61, 1942, 139-155.

McKANE, W., Jeremiah. A Critical and Exegetical Commentary on Jeremiah, I, Introduction and Commentary on Jeremiah I-XXV, ICC, 1986.

MERCER, S.A.B. (Hg.), The Tell El-Amarna Tablets, II, Toronto 1939.

MICHAUD, H., La Vocation Du Prophète Des Nations, in: D. Lys u. a. (Hg.), maqqêl shâqêdh. La Branche D'Amandier, FS. f. W. Vischer, Montpellier 1960, 157-164.

NEUMANN, P.H.A. (Hg.), Das Prophetenverständnis in der deutschsprachigen Forschung seit Heinrich Ewald, WdF 307, 1979.

NEUMANN, P.K.D., Das Wort, das geschehen ist ... Zum Problem der Wortempfangsterminologie in Jer I-XXV, in: VT 23, 1973, 171-217.

NICHOLSON, E.W., Preaching to the Exiles. A Study of the Prose Tradition in the Book of Jeremiah, Oxford 1970.

- , The Book of the Prophet Jeremiah. Chapters 1-25, CNEB, 1973.1987.

NIDITCH, S., The symbolic vision in Biblical tradition, HSM 30, 1980.1983.

NÖTSCHER, F., Das Buch Jeremias, HSAT VII/2, 1934.

- , Jeremias, EB, 1954.

PERDUE, L.G., Jeremiah in Modern Research: Approaches and Issues, in: L.G. Perdue / B.W. Kovacs (Hg.), A Prophet to the Nations. Essays in Jeremiah Studies, Winona Lake, Indiana 1984, 1-32.

PLOEG, J.P.M. van der, Psalmen, II, Roermond 1974.

POHLMANN, K.-F., Studien zum Jeremiabuch. Ein Beitrag zur Frage nach der Entstehung des Jeremiabuches, FRLANT 118, 1978.

RAD, G. von, Der Heilige Krieg im alten Israel, 2. A., Göttingen 1952.

RAVASI, G., Il libro dei Salmi, III, Bologna 1984.

RENAUD, B., Jérémie 1: Structure et théologie de la rédaction, in: P.-M. Bogaert (Hg.), Le Livre de Jérémie, BEThL 54, 1981, 177-196.

REVENTLOW, H. Graf, Liturgie und prophetisches Ich bei Jeremia, Gütersloh 1963.

RIETZSCHEL, C., Das Problem der Urrolle. Ein Beitrag zur Redaktionsgeschichte des Jeremiabuches, Gütersloh 1966.

RÖSEL, H., Haus, in: BRL^2, 1977, 138-141.

RUDOLPH, W., Jeremia, HAT I/12, 3. A., 1968.

SAUER, G., Mandelzweig und Kessel in Jer 1,11ff, in: ZAW 78, 1966, 56-61.

SCHMIDT, L., Die Berufung Jeremias (Jer 1,4-10), in: ThViat XIII 1975/1976, 1977, 189-209.

SCHMIDT, W.H., Die deuteronomistische Redaktion des Amosbuches. Zu den theologischen Unterschieden zwischen dem Propheten und seinem Sammler, in: ZAW 77, 1965, 168-192.

SCHREINER, J., Jeremia 1-25,14, NEB, 1981.

SCOTT, R., s. Liddell, H.G.

SEIDL, Th., Die Wortereignisformel in Jeremia. Beobachtungen zu den Formen der Redeeröffnung in Jeremia, im Anschluß an Jer 27,1.2, BZ 23, 1979, 20-47.

SEIERSTAD, I.P., Die Offenbarungserlebnisse der Propheten Amos, Jesaja und Jeremia. Eine Untersuchung der Erlebnisvorgänge ..., 2. A., Oslo 1965.

SOGGIN, J.A., Der prophetische Gedanke über den Heiligen Krieg, als Gericht über Israel, in: VT 10, 1960, 79-83.

STADE, B., Der "Völkerprophet" Jeremia und der jetzige Text von Jer. Kap. I, in: ZAW 26, 1906, 95-123.

STAMM, J.J., s. Baumgartner, W.

STULMAN, L., The Other Text of Jeremiah. A Reconstruction of the Hebrew Text Underlying the Greek Version of the Prose Sections of Jeremiah with English Tranlation, Lanham u. a. 1985.

SWETE, H.B., The Old Testament in Greek According to the Septuagint, III, Cambridge 1912.

TALMON, S., An Apparently Redundant MT Reading - Jeremiah 1:18, in: Textus 8, 1973, 160-163.

THIEL, W., Die deuteronomistische Redaktion von Jer 1-25, WMANT 41, 1973.

VERMEYLEN, J., Essai de Redaktionsgeschichte des "Confessions de Jérémie", in: P.-M. Bogaert (Hg.), Le Livre de Jérémie, BEThL 54, 1981, 239-270.

- , La rédaction de Jérémie 1,4-19, in: EThL 58, 1982, 252-278.

VOLZ, P., Der Prophet Jeremia, KAT X, 1922.

WALTON, B. (Hg.), Biblia Sacra Polyglotta, III, reprint Graz 1964.

WANKE, G., Untersuchungen zur sogenannten Baruchschrift, BZAW 122, 1971.

WEIPPERT, H., Jahwekrieg und Bundesfluch in Jer 21,1-7, in: ZAW 82, 1970, 396-409.

- , Die Prosareden des Jeremiabuches, BZAW 132, 1973.

- , Belagerung, in: BRL^2, 1977, 37-42.

- , Festung, in: BRL^2, 1977, 80-82.

- , Mauer und Mauertechnik, in: BRL^2, 1977, 209-212.

- , Säule, in: BRL^2, 1977, 259-260.

- , Palästina in vorhellenistischer Zeit (Handbuch der Archäologie; Vorderasien, II 1), München 1988.

WEISER, A., Das Buch Jeremia, ATD 20/21, 5. A., 1966.

WILLIAMS, W.G., Jeremiah's Vision of the Almond Rod, in: E.C. Hobbs (Hg.), A Stubborn Faith, FS. f. W.A. Irwin, Dallas 1956, 90-99.

WOLFF, H.W., Dodekapropheton 2. Joel und Amos, BK XIV/2, 3. A., 1985.

WOOD, P.S., Jeremiah's Figure of the Almond Rod, in: JBL 61, 1942, 99-103.

WOUDE, A.S. van der, Zacharia, De Predeking van het Oude Testament, Nijkerk 1984.

ZIEGLER, J., Ieremias. Baruch. Threni. Epistula Ieremiae, Septuaginta. Vetus Testamentum Graecum. Auctoritate Societatis Litterarum Gottingensis editum, XV, Göttingen 1957.(2. A.)1976.

- , Beiträge zur Ieremias-Septuaginta, MSU 6, 1958.

ZIMMERLI, W., Ezechiel, BK XIII/1, 1969.

- , Die kritische Infragestellung der Tradition durch die Prophetie, in: O.H. Steck (Hg.), Zu Tradition und Theologie im Alten Testament, BThSt 2, 1978, 57-86.

- , Visionary experience in Jeremiah, in: R. Coggins u. a. (Hg.), Israels's Prophetic Tradition, FS. f. P.R. Ackroyd, Cambridge u. a. 1982, 95-118.

Erst nach Abschluß dieser Studie sind zugänglich geworden:

CLEMENTS, R.E., Jeremiah, Interpretation: A Bible Commentary for Teaching and Preaching, Atlanta 1988.

SEITZ, Chr.R., Theology in Conflict. Reactions to the Exile in the Book of Jeremiah, BZAW 176, Berlin / New York 1989.

Orbis Biblicus et Orientalis

Universitätsverlag · Freiburg Schweiz
Vandenhoeck & Ruprecht · Göttingen/Zürich